AF315290

CANAL

DE PROVENCE,

OU

CANAL

D'AIX ET DE MARSEILLE.

CANAL
DE PROVENCE,
OU
CANAL D'AIX
ET DE MARSEILLE.

Son Utilité, Sa Poſſibilité.

Sa Nature : Avantages qui en reviendront au Roy , à la Provence & à la Compagnie des Propriétaires : Différence entre cette entrepriſe & les autres de pareille nature : Moyens employés pour en accé-lérer la réuſſite.

Réponſe aux principales difficultés qui ont été propoſées contre ſon exécution.

Dédié à Monſeigneur le Duc de R I C H E L I E U , Pair & Maréchal de France , Noble Génois , Premier Gentilhomme de la Chambre de Sa Majeſté , Chevalier de ſes Ordres , & Commandant pour le Roy , en ſa Province de Languedoc.

Par le Sieur J. A. F L O Q U E T , Architecte Hydraulique , Ceſſionnaire du Privilége du Roy , pour la dérivation des eaux de la Durance ; Auteur , Directeur Général dudit Canal , & Syndic Perpétuel de la Compagnie des Propriétaires.

A PARIS,

De l'Imprimerie de P. G. LE MERCIER , Imprimeur-Libraire, rue Saint Jacques , au Livre d'Or.

M. D. CC. L.

A

MONSEIGNEUR

LE DUC

DE RICHELIEU,

PAIR ET MARECHAL DE FRANCE,
Noble Génois , Premier Gentilhomme
de la Chambre de Sa Majefté , Chevalier
de fes Ordres , & Commandant pour le
Roy en fa Province de Languedoc.

M ONSEIGNEUR,

*La protection dont Votre Grandeur honore
le projet du Canal de Provence , eft un sûr
garant de fa prochaine éxécution. Pourra-t-on
douter des grands avantages qu'on eft fondé*

d'en efpérer, quand on fçaura, qu'avec les lumiéres fupérieures que toute l'Europe reconnoît en vous, MONSEIGNEUR, vous l'avez examiné fcrupuleufement, & fait éxaminer fur les lieux, & reçu l'approbation des premiers Magiftrats de la Province, & y avez acquis un intérêt confidérable? A qui donc, puis-je mieux qu'à VOTRE GRANDEUR, dédier un Ouvrage qui renferme les preuves de l'utilité & de la poffibilité d'une entreprife qui a toujours mérité l'attention de nos Rois, & fait l'objet des vœux d'une grande Province? Mon zéle pour ma Patrie m'en a fait concevoir le deffein; ma conftance & mes foins l'ont conduite au point d'évidence où elle eft; la gloire de fa réuffite vous étoit réfervée. En eft-il, MONSEIGNEUR, de plus folide que celle de procurer la fertilité & l'abondance, & de donner de l'étendue au Commerce? Tous ces avantages, quelques grands qu'ils foient, ne feront pas les feuls, cependant, dont la Provence vous fera redevable.

Je fuis avec un très-profond refpect,

MONSEIGNEUR,

DE VOTRE GRANDEUR,

Le très-humble & très-obéiffant
Serviteur, FLOQUET.

CARTE RÉDUITE
du Cours du Canal de Provence
Projeté par Le Sr. Floquet

Renvoy des Chiffres du Plan.
1. Rocher de Contepontrue a travers duquel sera la prise des eaux du Canal.
2. 3. Bassins de partage. Ce dernier nourriront la Branche 24. 25. 26. qui joindront le Canal de Provence, a la Mer de Martigues, Si le Canal projeté pour joindre le Port de Bouc au Rhône a lieu, et si ce dernier Canal n'avoit point son execution, celui de Provence communiqueroit au Rhône, par le Canal 2. 27. 28. 29. qui joindront le Bassin de partage 2. a Tarascon.
4. 5. 6. 7. Chemin abregé, que l'on auroit pû faire prendre au Canal, si la hauteur de Venelles, qui separe l'Espouscrac de la Ville d'Aix etoit moins considerable.
8. 9. 10. 11. 12. 13. 14. 15. Contour que le Canal auroit fait, si on n'avoit preferé de penetrer la hauteur 8. 10. 15.
17. 18. 19. 20. 21. 22. Autre Circuit, que feroit le Canal, si on ne lui faisant suivre la route 17. 23. 22. ou l'on auroit une hauteur a penetrer, moindre que la precedente.

Durance R.
Verdon R.
Naissance du Canal de Provence
de M. de Vergis
Cadenet
de M. de Savornin de St. Jean
Villelaure
Pertuis
Canal de Cadenet
Meyrargues
Jouques
Puivert
Canal de Cadenet projeté par le Sr. Floquet
Lauris
Merindol
Durance R.
Malemort
Bonaval
Chateval
la Roque
Durance R.
Pertuis
Canal de Craponne
Janson
St. Esteve
Arnajon
le Puy
Pelissanne
Canal de Provence
Rocher de
Jean Blanc
Montagne
Point long
Rognes
Vernegue
Lambesc
Venelles
Badasset
Puiricard
la Barben
St. Canat
les 4 Termes
Equilles
de M. de Beuf
Pont Seminaire
Bassin de Partette
Canal de Provence
Tolonet
S. Remi
Coudoux
de M. Regibaud
Larc R.
AIX
Valbrillant
Miquis
Larc R.
la Durane
Calabres
Canal de Provence
Gardane
de M. Roman
de M. Amy
le Verger
le Nas de Peli
Septemes
Canal
Notre Dame
St. Antoine
Rade de Marseille
MARSEILLE
Echelle de 5000 Toises
1000   2   3   4   5000

CANAL
DE PROVENCE
OU
CANAL D'AIX
ET DE MARSEILLE.

Son Utilité, fa Poffibilité.

Sa Nature; Avantages qui en reviendront au Roy, à la Provence &
à la Compagnie des Propriétaires:
Différence entre cette entreprife
& les autres de pareille nature :
Moyens employés pour en accé-
lérer la réuffite.

*Réponfe aux principales difficultés qui ont
été propofées contre fon éxécution.*

E Canal d'Arrofement & de
Navigation, que je propofe de ti-
rer de la Durance, pour le conduire à Aix, à Marfeille, & en divers
autres endroits, n'eft pas un projet nouveau ;

A

'on a toujours regardé l'exécution d'un Canal en Provence , comme une reffource affurée que la Providence avoit préparée pour répandre l'abondance dans ce pays naturellement fec & aride.

Ne nous étonnons donc pas qu'un avantage auffi confidérable & auffi réel que celui de rendre fertile un terrain d'une étendue immenfe, brûlé par le Soleil, défolé par de longues & fréquentes féchereffes , & d'ouvrir une navigation aifée entre la haute & la baffe Provence & les Provinces voifines, ait exercé en divers tems l'induftrie de ces généreux Citoyens qui ont enfanté, & qui ont renouvellé le louable deffein de procurer ce bien à leur patrie.

Animé du même zéle, j'ai ofé marcher fur leurs traces, & encouragé par les lumiéres qu'ils m'ont laiffé, & par celles que je pouvois tirer de ma Profeffion *, j'ai facrifié avec plaifir, mon tems & ma fortune, pour amener un projet de cette importance, au point d'évidence & de maturité où je me flatte de l'avoir conduit; depuis près de vingt ans j'y travaille fans relâche, j'en ai fait mon unique affaire : heureux fi mes foins ont le fuccès que méritent les motifs qui me l'ont fait entreprendre.

Divifion de cet ouvrage.
Premiere partie.

Pour donner quelque ordre à ce que j'ai à dire fur une matiere auffi intéreffante, je crois que je dois d'abord faire connoître l'utilité

* L'Architecture hydraulique, ou la conduite des eaux.

3

& la poffibilité de mon entreprife, & je ne
puis, ce me femble, mieux établir l'une &
l'autre, qu'en rapportant fuccintement les
différentes tentatives qui ont été faites depuis plus de deux fiécles, pour parvenir à
la conftruction de ce Canal.

J'expliquerai enfuite la nature de mon Pro- *Seconde partie.*
jet & les avantages que le Roy, la Provence
& la Compagnie des Propriétaires en retireront : Je donnerai une idée générale des
mefures que cette Compagnie a prifes, afin
que toutes chofes fe paffent avec ordre.

Enfin, j'examinerai les principales ob- *Troifiémo partie.*
jections qui ont été faites contre cette entreprife, & j'efpere d'y répondre d'une ma-
niere à diffiper tous les doutes.

PREMIERE PARTIE.

*Différentes tentatives qui ont été faites
depuis plus de deux fiécles, pour avoir
un Canal en Provence.*

JE fuis perfuadé que quiconque auroit *On a tou-jours recon-nu la nécef-fité de conf-truire un Canal en Provence.*
la curiofité de chercher dans les archi-
ves & les hiftoriens de Provence tout ce
qui peut avoir rapport aux moyens que
l'on a imaginés pour procurer la fertilité &
l'abondance dans cette Province, trouveroit qu'il ne s'eft guéres paffé de fiécles où
l'on n'ait été agréablement occupé de l'idée

A ij

d'un Canal ; nulles expreſſions ne ſont ſi ſouvent répétées dans les écrits qui ont été faits à ce ſujet, que celles *d'un Canal tant de fois projetté* , *d'un Canal de tout tems ſouhaité par nos peres* , *d'un Canal qui ſeul peut changer avantageuſement la face de la Province, &c.* Pour moi, uniquement borné aux recherches capables de perfectionner mon objet, relativement à mon Art, je n'ai point fouillé dans les tems reculés, & je m'en tiens au langage unanime, de près de 250 ans qui atteſte le deſir conſtant où l'on n'a ceſſé d'être de voir un Canal en Provence.

Privilége du Roi pour dériver les eaux de la Durance. D'abord, les premieres vuës ont été ſimplement d'avoir un Canal d'arroſement, ainſi que le prouvent les Lettres-Patentes acordées à la Maiſon d'Oppede, en 1507, 1619, 1648 & 1677, par les Rois Louis XII. Louis XIII. & Louis XIV. Par ces Lettres, il eſt permis à cette Maiſon, ſes hoirs, ſucceſſeurs & ayans cauſe, de dériver de tel endroit de la riviere de Durance qu'ils voudront, un Canal de telle largeur & profondeur qu'ils jugeront convenable ; de le faire décharger dans la même Riviere ou ailleurs à leur choix ; de le conduire à travers des terres de Provence, & de celles du Comté Venaiſſin, pour faire moudre toutes ſortes de moulins, arroſer telles terres & prés qu'ils voudront, & en employer les eaux à tels uſages qu'ils aviſeront ; de jouir de ce Canal à perpétuité, comme de leur propre

chofe & vrai héritage, à la charge de le tenir en fief de Sa Majefté, à une feule foi &
hommage, en payant 3 liv. annuellement, à
la Recette du Domaine du Roy, par forme
de Cens, & de conftruire des Ponts fur les
chemins publics que ce Canal traverfera;
permis de prendre les héritages qui leur feront néceffaires pour fa conftruction & paffage, en indemnifant les Propriétaires de leur
jufte valeur, à dire d'experts; étant enfin
défendu à tous autres de fe fervir & de dériver l'eau de ce Canal, fans leur confentement.

Par des Lettres-Patentes du 16 d'Août
1710, obtenues fur un Arrêt rendu au Con-
feil d'Etat le 15 Juillet de la même année;
Louis XIV. de glorieufe mémoire, fur
l'avis de M. Lebret, alors Intendant de
Provence, & celui de Meffieurs. les Procureurs du Pays, continua à feu M. le Marquis d'Oppede, tant pour lui, que pour fes
hoirs ou ayans caufe, les précédens priviléges, & lui permit de rendre ce Canal navigable, de le conduire en tel lieu qu'il trouveroit le plus commode, d'en accorder des
faignées pour l'arrofement des terres, d'y
établir des Barques & Bateaux pour le tranfports des marchandifes & des Voyageurs,
avec défenfes à tous autres d'y en établir
fans fon confentement.

Il eft encore dit, par ces Lettres-Patentes,
que ce Canal avec fon fonds & quatre toifes

de chacun des deux côtés, seront en fief mouvant de Sa Majesté, avec droit de Justice & exemption de toutes Tailles, Impositions, & autres Charges généralement quelconques, le tout à condition de payer annuellement 3 liv. par forme de Cens, à la Recette du Domaine de Sa Majesté, & sous toutes les autres charges & conditions portées par les Lettres-Patentes de 1507, 1619, 1548 & 1677, dont l'exécution est ordonnée au profit de M. d'Oppede, ses successeurs & ayans cause.

Ces Lettres - Patentes furent enregistrées en la Cour des Comptes, Aydes & Finances de Provence, en conséquence d'un Arrêt de cette Cour du 17 Juin 1711.

Canal de Donzere, improprement dit Canal de Provence. En 1718, M. le Marquis d'Oppede, voulant faire travailler à la construction d'un Canal, en vertu des précédens priviléges, se pourvût à Sa Majesté, qui, par des Lettres-Patentes expédiées sur l'Arrêt du Conseil d'Etat, du 4 May de la même année, ensuite de l'avis de feu M. Lebret, Intendant de Provence, lui permit d'établir des Bureaux à Paris & ailleurs, pour y recevoir les soumissions de ceux qui voudroient prendre des Actions dans ce Canal.

Ces Lettres patentes, furent aussi enregistrées, tant au Parlement qu'en la Chambre des Comptes d'Aix.

Ce qui empêcha l'exécution de ce Canal, fut entr'autres raisons, le refus que fit le

Pape de permettre qu'il traverſât le Comtat ; & les Actions qui avoient été délivrées, furent converties en intérêts ſur le Canal de Picardie, par Arrêt du Conſeil de 1730.

Ce Canal, projetté en 1718, devoit d'un côté, communiquer à la Mer près de Saint Chamas en Provence, & de l'autre au Rhône près de Donzere en Dauphiné : on lui donna le nom de Canal de Provence ; mais on ne doit point le confondre avec celui dont il eſt aujourd'hui queſtion, & que j'ai avec raiſon appellé de ce nom dans les différens ouvrages que j'ai donnés au Public ſur mon projet ; ces deux Canaux étant très-différens l'un de l'autre, ſoit dans toutes leurs parties, ſoit dans tous leurs objets.

On ne doit point le confondre avec le Canal d'Aix & de Marſeille.

Le Canal que je propoſe, ne doit point être non-plus confondu, avec celui que M. le Maréchal de Vauban avoit projetté, & duquel il eſt parlé en la page 331. des Mémoires de M. de Baſville, pour ſervir à l'hiſtoire de Languedoc ; l'objet de cette entrepriſe, étoit de faire éviter aux Barques qui paſſeroient de la Mer au Rhône, les embouchures toujours dangereuſes de ce Fleuve ; ce même Canal, qu'une autre Compagnie ſe propoſe d'exécuter, & qui doit d'un côté, communiquer à la Mer au Port de Bouc & de l'autre au Rhône, eſt très-diſtinct, & n'a rien de commun avec celui qui fait l'objet de cet ouvrage.

Ce dernier eſt auſſi bien différent de celui de Bouc au Rhône.

Cependant malgré cette différence, si ce Canal de Bouc au Rhône avoit lieu, on pourroit, ainsi que les Lettres-Patentes de 1662, dont je rapporterai la teneur ci-après, en fourniffent l'idée, le faire communiquer avec celui de Provence, en tirant de ce dernier Canal, dans le Terroir d'Aix ou dans celui d'Aiguilles, une branche qui feroit terminée à l'Etang de Berre ou Mer de Martigues, & par ce moyen au Port de Bouc: la jonction de ces deux Canaux, augmenteroit le profit de l'un & de l'autre; celui de Bouc profiteroit de la navigation de la haute Provence, & ferviroit à faire éviter aux Bateaux le rifque du trajet de mer, depuis le Port de Bouc jufqu'à Marfeille; celui de Provence profiteroit à fon tour, d'une partie de la navigation du Rhône; ainfi ces deux Canaux, étant joints au moyen de cette branche, fe procureroient réciproquement de grands avantages, & faciliteroient confidérablement le Commerce.

Après cette explication que j'ai crue néceffaire, je reprens mon récit.

En 1557*, Adam de Craponne Gentilhomme de Languedoc, auteur d'un petit Canal tiré de la Durance, qui porte fon nom & qui a enrichi tous les lieux qu'il arrofe, fit le nivellement de celui d'Aix, dont il avoit auffi conçu le deffein; il trouva que la pente

* Voyez l'Hiftoire de Provence par Bouche, tom. 2. page 872.

étoit plus que suffisante pour porter en cette Ville les eaux de cette riviere prises dans le Terroir de Jouques.

Le même Projet fut repris en 1645, les sieurs Colombi, Desmarêts & Lombard furent chargés de reconnoître la route qu'on pouvoit faire suivre à ce Canal, & d'en faire le nivellement. Ils trouverent de la pente de reste, & ce fut en conséquence de leurs opérations qu'on projetta de faire passer ce Canal dans la grande Allée du Cours d'Aix, qui fut commencé l'année d'après ; M. Michel Mazarin, Archevêque de cette Ville, & depuis Cardinal de Sainte Cécile, MM. les Procureurs du Pays de Provence furent les moteurs du projet, & peut-être auroit-il été exécuté, sans le voyage que ce Prélat fut obligé de faire alors à Rome.

L'an 1628, » dit Bouche dans son Histoire de Provence, « comme l'on parloit
» fort de faire venir à la Ville d'Aix un Canal
» de la Riviere de Durance ou de celle de
» Verdon, suivant le projet qu'autrefois
» Adam de Craponne (qui 70 ans aupara-
» vant sçavoir l'an 1557 en avoit fait passer
» un autre au Terroir de la Crau) en avoit
» dressé, le très-curieux & obligeant sieur de
» Peiresc Conseiller au Parlement écrivit en
» Hollande, pour faire venir en Provence
» quelque sçavant homme, qui s'entendit
» bien à la conduite des eaux & aux ouvrages
» de ces Canaux ; mais la maladie contagieuse

» furvenant là-deffus en Provence, fuivie in-
» continent des troubles dits *Cafcavoux*, ce
» pour parler & ces réfolutions n'eurent au-
» cun effet, néanmoins ce même deffein
» s'eft renouvellé de nos jours, & pendant
» que cet ouvrage étoit fous la preffe, une
» Commiffion de la part du Roy a été adref-
» fée au fieur Colombi, de la Ville d'Aix,
» Avocat en Parlement, pour faire le rap-
» port de la poffibilité de l'ouvrage ; j'ai
» trouvé à propos, d'inférer ici, le Som-
» maire de la Commiffion, pour faire voir
» l'importance de l'œuvre, & combien elle
» feroit utile à l'avantage de la Province,
» & principalement de la Ville d'Aix. »

« *LOUIS par la grace de Dieu, Roy de*
» *France & de Navarre, &c. Au fieur*
» *Colombi, Salut : Ayant confidéré au dernier*
» *voyage que nous avons fait en notre pays de*
» *Provence, que notre Ville d'Aix, qui eft la*
» *Capitale de la Province, pourroit être mife au*
» *rang des plus belles Villes de notre Royaume,*
» *fi elle avoit une riviere ou une communication*
» *avec la Mer par quelque Canal, par lequel on*
» *pût y apporter les chofes qui y manquent, &*
» *remédier auffi aux féchereffes qui furviennent*
» *prefque tous les Etés au terroir de ladite Ville*
» *& aux lieux circonvoifins, lefquelles caufent*
» *l'infertilité des Campagnes, la mortalité des*
» *Arbres, la perte des récoltes, la ceffation des*
» *moulins & autres grands inconvéniens; outre*

» *que toutes les forêts d'alentour, ayant été dé-*
» *frichées, on a peine d'avoir du bois pour l'usage*
» *de ladite Ville , à toutes lesquelles incommo-*
» *dités il seroit remedié , dérivant un Canal*
» *de la Riviere de Durance, qui pût venir jus-*
» *qu'à notredite Ville d'Aix , pour de-là se jet-*
» *ter dans notre Etang de Berre, & avoir com-*
» *munication avec nos mers & autres de nos*
» *voisins, lequel Canal étant fait d'une largeur*
» *& profondeur suffisantes pour la navigation ,*
» *pourroit fournir de l'eau pour tous les arrosages*
» *nécessaires, avec lesquels il seroit facile d'éle-*
» *ver quantité d'arbres pour avoir du bois taillis,*
» *& suppléer au défaut des bois desdites fo-*
» *rêts, même servir pour en recouvrer des lieux*
» *éloignés , & causer d'autres biens & commodi-*
» *tés innombrables à notredite Ville. Et comme*
» *avant que de délibérer sur une si grande entre-*
» *prise , ayant vû la situation montueuse & iné-*
» *gale de notredit Pays, nous désirons être plei-*
» *nement informé de la possibilité de l'ouvrage*
» *& alignement dudit Canal, & que nous avons*
» *été assurés qu'il n'y avoit personne qui pût ,*
» *mieux que vous, voir ce qui s'y pourroit faire,*
» *vû la suffisance & connoissance que vous vous*
» *êtes acquises. &c. A ces Causes & autres à*
» *ce nous mouvant, Nous vous avons commis*
» *& député, &c. pour faire le nivellage & ali-*
» *gnement dudit Canal, le tracer de telle éten-*
» *due & largeur que vous aviserez, & faire un*
» *devis de tout ce qu'il y aura à faire pour la*
» *perfection dudit Canal, lequel devis vous*

» remettrez après à notre très-cher & bien-amé
» Cousin le Duc de Mercœur , Gouverneur &
» notre Lieutenant Général audit Pays, pour
» nous l'envoyer, De ce faire vous avons donné
» & donnons pouvoir & mandement spécial.
» Ordonnons pour cet effet & enjoignons très-
» expressément à tous Gentilshommes, Chapitres
» & Communautés , &c. de ne donner aucun
» trouble ni empêchement audit sieur Colombi ,
» mais au contraire, toute faveur, assistance, &c.
» Car tel est notre plaisir : En témoin de quoi
» nous avons fait mettre notre scel à cesdites pré-
» sentes. Données à Paris le 2 Octobre, l'an de
» grace 1662 , & de notre regne le 20. Signé
» LOUIS. Et plus bas, DELOMÉNIE.
» Enregistrées ès Registres du Parlement des
» Archives du Roy, & du Bureau des Fi-
» nances.

» En vertu de cette Commission, le mê-
» me Sr Colombi, s'est porté sur les lieux & a
» visité tous les endroits , pour plus commo-
» dément & utilement prendre le Canal de
» cette Riviere, suivant les ordres de la
» Commission, & après beaucoup d'incom-
» modités & de peines , il a fait son devis
» sur la possibilité & l'exécution de l'ou-
» vrage, devis qu'il a remis le mois de Sep-
» tembre de l'année suivante 1663. au Duc
» de Mercœur Gouverneur & Lieutenant
» du Roy en cette Province, qui l'a en-
» voyé en Cour à Sa Majesté ; le tems nous
» fera voir ce qu'il en faut espérer.

Ce même Hiſtorien inſinue, que ce qui fut alors la cauſe que ce Canal n'eut point ſon exécution, fut que les tems qui ſurvinrent furent des tems de calamités, de contagion & de guerre, & que ce qui nuiſit le plus au Canal fut les oppoſitions ſecrettes de la part de quelques perſonnes qui préféroient leur intérêt particulier à l'intérêt général.

Obſtacles qui empêcherent alors l'éxécution du Canal.

Voilà pluſieurs tentatives, faites pendant l'eſpace de près de deux ſiécles, rendues infructueuſes, non que la poſſibilité de l'entrepriſe fut douteuſe, ni que tous les avantages qui en pouvoient réſulter ne fuſſent connus, mais par les raiſons qui ont été alléguées.

En l'année 1724, MM. les Procureurs du Pays étoient ſi pénétrés des avantages que la Province retireroit de l'exécution du Canal de Provence, qu'ils le regardoient comme le ſeul moyen, pour réparer les maux dont elle avoit été affligée pendant la contagion; tout ce que ces MM. diſent au ce ſujet de cette entrepriſe, me paroît ſi intéreſſant, que je crois devoir en rapporter ici une partie : Voici leurs termes pris des Regiſtres des Délibérations des Etats de Provence (Aſſemblée particuliere du 4 Février 1724).

En 1724. la Province vouloit le faire conſtruire.

Aſſemblée des Etats de Provence du 4 Février 1724.

M. Saurin *, Aſſeſſeur d'Aix, Procureur du Pays, a dit : « Que depuis long-tems la »Province, & ſur-tout les Villes d'Aix &

---

* Célébre Juriſconſulte.

» de Marseille, foupirent après le Canal tiré
» des Rivieres de Durance & de Verdon, que
» fon utilité fe fait fentir à chacun. 1°. Par la
» commodité de la navigation, qui, outre
» les Coches pour les Voyageurs, porteroit,
» fans beaucoup de frais, les denrées, mar-
» chandifes & toutes les richeffes venant de
» la Mer non-feulement à Aix, mais encore
» jufqu'au cœur de la Province, & porteroit
» à la Mer ce qui vient du Dauphiné & de la
» haute Provence, Bleds, Amandes, Fruits,
» Prunes feches, Huiles d'olive & de noix,
» Fourrages, Veaux, Moutons, Cochons,
» Dindons, Toiles, Draps, Chaux, Pierre
» de taille, Plâtre, Charbon de pierre, Bois
» & Charbon devenu fort cher & qui com-
» mence même à manquer, & des Eaux-de-
» Vie que l'on feroit aux lieux abondans en
» bois, pour les faire paffer en Hollande, ce
» qui feroit une grande augmentation de
» Commerce dans la haute Provence.

» 2°. Par les Engins & Moulins de toute
» efpece, & par les arrofages qui donneront
» des Peupliers, Saules, & Muriers, & une
» double récolte; la premiere en bled, en-
» fuite en légumes & chanvres dans les ter-
» rains jufqu'à préfent ftériles par les ardeurs
» de notre Soleil qui les brûle; les Mulets,
» Chevaux & autres bêtes de fomme, & les
» hommes qu'il faut fans ceffe pour les con-
» duire, feroient appliqués à cultiver d'au-
» tant plus la terre, qui manque de l'un & de

» l'autre, ou aux Engins & Manufactures.

» Que la Province en Corps, outre l'a-
» vantage public, elle verroit plus exacte-
» ment & plus facilement payer ses Charges
» par les Communautés de la haute Pro-
» vence, & par celles qui seroient au voisina-
» ge de ce Canal, & épargneroit encore une
» partie de la dépense considérable qu'elle est
» obligée de faire pour l'entretien des che-
» mins, que les charois & les fardeaux im-
» menses détruisent presqu'aussi-tôt qu'elle
» les a fait réparer.

» Que le Roy, outre le bien qu'il en re-
» viendroit en général, d'avoir une Province
» & plus fertile & d'un Commerce plus
» étendu & plus facile, auroit encore celui
» d'en tirer des chanvres pour la Marine, de
» faire porter les Sels à la haute Provence
» & au haut Dauphiné avec moins de frais:
» & de pouvoir se servir des bois de haute
» futaye, pour la mâture & pour la construc-
» tion de ses Vaisseaux qui sont le long de
» la Durance & du Verdon ou à leur voisi-
» nage, & ausquels on n'a pû toucher jusqu'-
» aujourd'hui par la difficulté du Charroi,
» qui d'impraticable qu'il a été jusqu'à pré-
» sent par la longueur du trajet, cesseroit de
» l'être s'il n'y avoit plus qu'à faire des routes
» de deux ou trois lieues pour jetter les bois
» sur la Durance ou sur le Verdon, & de là,
» dans le Canal jusqu'à Marseille.

» Ledit sieur Assesseur a ajouté, qu'il n'étoit
» plus question que de deux choses; la pre-

» miere, si ce Canal est faisable ; ou si l'étant
» physiquement & sur le pied du niveau, il
» ne cesseroit pas de l'être moralement par
» les dépenses qui surpasseroient l'utilité qui
» en reviendroit, & la seconde par qui ce
» Canal devroit être fait ; qu'à l'égard du
» premier point, il lui paroissoit qu'il étoit
» d'abord à présumer, que puisque de tout
» tems il a été parlé de ce Canal, tous ceux
» qui ont eu cette idée ont donc regardé la
» chose faisable : qu'avant les plans dressés
» du tems de M. de Mazarin, Cardinal de
» Sainte Cécile, Archevêque d'Aix, il y
» avoit eu un ancien nivellage en 1575, que
» le sieur Comte de Perlade * en 1702, avoit
» présenté un placet au feu Roy, renvoyé à
» M. Lebret, Premier Président & Inten-
» dant, par lequel il demandoit le don de
» ce Canal, que feu M. le Maréchal de
» Vauban **, la derniere fois qu'il passa en
» Provence, après en avoir conféré pendant
» plusieurs jours avec M. le Comte de Gri-
» gnan, M. Lebret, & le sieur Vallon pe-
» re Architecte de la Province, en recon-
» nut si fort & la possibilité & l'utilité,
» qu'il dit que d'abord que la guerre, qui

* Il projettoit la prise des eaux au-dessous & assez loin
de l'endroit où doit être établie celle du Canal que je
propose.

** Il avoit projetté de pousser ce Canal jusqu'à Siste-
ron, & de le conduire à Aix & à Marseille en passant
par Manosque & en traversant la Durance à Canteperdrix, près du Bac de Mirabeau.

duroit

5 duroit alors, feroit finie, il viendroit re-
» muer de la terre ; mais la mort l'a prévenu,
» & qu'ainfi il femble que fur de telles pré-
» fomptions de poffibilité, on ne court pas
» grand rifque de faire éclaircir ce point de
» fait par main de Maître à qui il plairoit au
» Roy & à S. A. S. M. le Duc de donner
» fes ordres, & par ceux que la Province
» pourroit charger de ce foin, avec les pré-
» cautions néceffaires, qu'il fembloit que le
» moment favorable à une fi belle & fi utile
» entreprife, étoit enfin arrivé ; que la Fran-
» ce jouiffant préfentement de la paix,& pour
» long-tems, fuivant les apparences, le Roy
» pourroit aifément donner de fes Troupes;
» que M. le Duc eft porté pour le bien & va
» au grand, & que les perfonnes qui pour-
» roient fe trouver dans la fuite,à la tête de la
» Province, ne feroient peut-être pas fi réu-
» nies,que nous avons le bonheur de les trou-
» ver à préfent, des fiécles entiers ne fuffi-
» fans quelquefois pas à former de telles
» unions, & quand elles feroient réunies,
» peut-être ne feroient-elles pas fi convain-
» cues de ce bien, ni fi portées à le vouloir,
» & fi accréditées auprès du Roy, pour fe
» promettre la réuffite.

» Que la grande cherté des denrées, qui
» augmente encore plus par les grandes dé-
» penfes du charrois, celle du bois & du
» charbon qui augmente de plus en plus,
» ainfi que tous les autres matériaux, la peine

B

» où plusieurs sont de placer leur argent,
» étoient autant d'aiguillons pour entrepren-
» dre cet ouvrage.

» Que MM. les Procureurs du Pays sem-
» bleroient être responsables au Public, à
» leur patrie en particulier, & à la postérité,
» de n'avoir sçu profiter d'une si heureuse
» conjoncture , & d'autant plus précieuse,
» que ces tems calamiteux de guerre, de
» peste , de famine, de troubles intestins &
» autres fléaux qui ont tourmenté successive-
» ment cette Province, ne lui ont laissé
» que très - peu de vuide pour exécuter un
» ouvrage qui, dans tous les tems, a été
» l'objet de ses desirs, & que quand il s'est
» trouvé de ces vuides, ceux qui étoient
» alors à la tête des affaires étant souvent di-
» visés par la jalousie, ne tournoient pas tout
» à la fois leurs vues de ce côté-là comme
» aujourd'huy.

» Ledit sieur Assesseur a dit enfin que
» c'étoient-là les premieres vues de MM. les
» Procureurs du Pays ses collegues, & les
» siennes qui pouvoient être beaucoup plus
» étendues & plus rectifiées dans la suite;
» mais qu'il y en avoit-là assez pour porter la
» Province à demander l'agrément du Roy
» & à S. A. de choisir, après leur agré-
» ment, des Ingénieurs également habiles ,
» sûrs & intégres ; l'intégrité dans un cas,
» sur-tout comme celui-ci, qui peut faire de
» la peine à quelques Particuliers qui n'aime-

» roient pas ce Canal, étant un point capital
» qui ne doit pas être négligé.

» Sur quoi l'Assemblée a délibéré de sup-
» plier le Roy & S. A. S. M. le Duc de
» vouloir bien agréer le Canal, & de donner
» les ordres néceffaires à ce sujet ».

Voici encore ce que j'ai extrait des Regi- *Avril 1724.*
ftres des Délibérations des Etats du Pays de
Provence (Affemblée de MM. les Procureurs du Pays nés & joints, du 5 Avril
1724).

« Sur ce qui a été dit dans l'Affemblée,
» que Monfeigneur l'Archevêque doit par-
» tir dans peu de jours pour Paris, elle l'a
» très - humblement fupplié de vouloir bien
» renouveller fes inftances auprès du Roy,
» Son Alteffe Séréniffime Monfeigneur le
» Duc, & à MM. les Miniftres, de donner
» l'agrément à la Province pour le Canal
» qu'elle a deja demandé fuivant la Délibé-
» ration du 4 Févrierdernier, &c. »

On trouve dans l'Abrégé des Délibéra- *Affemblée générale de la même année.*
tions de l'affemblée générale de la même an-
née, pages 22, 23 & 24, ces paroles re-
marquables.

« Le fieur Saurin a ajouté que le foin de
» détourner les maux que la Province fouffre
» ou de les diminuer, n'a pas fi fort épuifé
» leurs attentions, qu'ils n'ayent * tenté de lui
» procurer encore l'abondance & la fertilité
» par le moyen du Canal de la Riviere de

* MM. les Procureurs du Pays.

» Durance, tant de fois projetté par nos pe-
» res, qui en ont connu la néceffité dans un
» terrain auffi fec & auffi brûlé par les ardeurs
» du Soleil qu'eft le nôtre, auffi-bien que le
» feu Roy, dans fes Lettres-Patentes de
» 1662.

» Quils n'ont jamais douté que ce Canal
» ne pût être porté jufqu'en la Ville d'Aix,
» & de-là jufqu'au terroir de Marfeille &
» près de fon Port, à caufe de la grande
» pente qu'il y a; que toute leur peine étoit
» que la trop grande dépenfe n'excédât l'uti-
» lité qui pourroit en revenir au Roy, à la
» Province, & fur - tout aux Villes de la
» haute Provence, qui étoient par là com-
» me jointes avec les Maritimes & à tous
» les Particuliers, foit par le commerce &
» la navigation, foit encore plus pour les ar-
» rofages durant près de vingt lieues de pays :
» l'Affemblée particuliére du 4 Février, ap-
» prouvée par celle de MM. les Procu-
» reurs nés & joints, du 5 Avril fuivant,
» convaincus que c'étoit-là l'unique reffour-
» ce pour relever la Province de fon acca-
» blement, & que le moment favorable
» étoit venu par les apparences d'une longue
» paix, délibéra de fupplier le Roy & M. le
» Duc de vouloir bien envoyer fes Ingé-
» nieurs pour chercher la ligne de conduite
» par où ce Canal pourroit paffer, & calculer
» les dépenfes qu'il faudroit faire, ce que
» le Roy eut la bonté d'accorder, & les

»Ingénieurs furent fur les lieux d'abord
» avec M. le Baron d'Hugues & lui (M. Sau-
» rin) & enfuite tous feuls avec l'Architecte
» de la Province, & commencerent leur ni-
» vellement au Pas appellé de *Canteperdrix*,
» & le conduifirent affez heureufement juf-
» qu'à une montagne qui eft au terroir de
» Rognès, appellée le *Jas blanc*, que l'on
» ne peut contourner, & que les fieurs In-
» génieurs ont prétendu qu'il falloit ou tran-
» cher ou percer pendant deux mille fix cens
» toifes, qu'ils furent arrêtés tout court,
» non par les vains difcours des perfonnes
» intéreffées que l'on trouve toujours oppo-
» fées à ces fortes d'entreprifes, mais par la
» montagne ; & eurent l'honneur d'en écri-
» re à Mᵍʳ le Duc, & de lui faire fentir que
» quelque grand que fût le bien de ce Ca-
» nal, la Province n'étoit pas en etat d'avan-
» cer les fommes néceffaires pour une fi im-
» portante entreprife qui ne pouvoit réuffir
» que par une dépenfe Royale ; que comme
» le Roy ne fçauroit laiffer de monument
» plus glorieux de fon regne , ni Mᵍʳ le
» Duc de fon miniftére , il faut efpérer que
» fi la paix continue, Sa Majefté qui, outre
» la gloire d'enrichir & d'illuftrer une des
» plus précieufes parties de fon Royaume,
» en retireroit des avantages immenfes pour
» fa Marine & pour fes Armées en Dau-
» phiné qu'elle uniroit, pour ainfi dire, y
» employera fes Troupes. »

B iij

Je crois devoir encore rapporter, quelques endroits de la Lettre, que MM. les Procureurs du Pays écrivirent à ce sujet à M. le Duc, le 11 Septembre 1724.

MONSEIGNEUR,

Lettre de MM. les Procureurs du Pays, à M. le Duc, au sujet du Canal, de la montagne qu'ils croyoient être un obstacle à son exécution.

« Les Ingénieurs, qu'il a plû à votre Alteffe » Séréniffime de nommer, pour examiner le » projet du Canal de la Durance à Marfeille, » paffant par Aix, auront l'honneur de lui ren- » dre compte plus en détail de leurs opérations, » fi elle le fouhaite ; nous avons celui de lui » dire en gros, qu'ils crurent d'abord avec » nous qu'il n'y avoit pas d'endroit plus fûr, » plus commode ni moins couteux pour en » faire la dérivation, que de le prendre au » Pas appellé *Canteperdrix*, où cette Riviere » fe trouve réduite entre 2 grands rochers.

» C'eft de ce point, Monfeigneur, que » les Ingénieurs commencerent le nivelle- » ment dans le mois de Juillet dernier ; qu'ils » conduifirent heureufement par les terroirs » de Jouques, Peyrolles, Meyrargues, Ve- » nelles & le Puy, c'eft-à-dire pendant » 20000 toifes ; mais voulant entrer dans » celui de Rognes, une Montagne appellée » *le Jas blanc*, que l'on croit de terre, & éle- » vée de cinquante-quatre toifes au-deffus » de leur niveau, s'oppofa fi directement à » leur paffage, qu'il la faudroit percer par » voûte, pour attraper le niveau en de-là, fans

» pouvoir l'éviter par aucun contour.

» Il eſt vrai, Monſeigneur, que les veſti-
» ges que l'on y voit des anciens Aqueducs,
» par leſquels les Romains portoient les eaux
» de ce terroir de Jouques à la hauteur de la
» Ville d'Aix, où l'on trouve la continuation
» de ces mêmes Aqueducs, font préſumer
» qu'ils avoient percé cette Montagne.

» Voilà, Monſeigneur, l'idée précise de
» l'état des choſes; ce n'eſt qu'avec douleur
» que nous la retraçons à V. A. S. qui avoit
» bien voulu ſe porter à procurer un bien
» qui nous avoit paru, comme à nos peres,
» le plus grand & le plus ſolide que l'on pût
» faire, & à une partie conſidérable de notre
» Province, qui ſouffre ſi fort par les ſéche-
» reſſes & par les ardeurs déſolantes du So-
» leil, & à deux grandes Villes, ſur-tout à
» celle d'Aix, à qui ce Canal étoit dévenu
» un remede néceſſaire pour ſe tirer de l'ac-
» cablement où elle eſt, *Signé*,
» d'Hugues, Saurin, Garçonnet,
« Alphedan».

Telle fut la fin de l'entrepriſe propoſée en 1724. Si jamais il y en a eu une qui dût réuſ-ſir, c'étoit ſans doute celle-là; tout paroiſſoit concourir à ſon ſuccès; ſon utilité étoit uni-verſellement reconnue, le Roy y avoit don-né ſon approbation, les vœux de toute une Province qui ſoupiroit après ce Canal, qu'el-le regardoit comme un dédommagement des maux qu'elle avoit ſouffert pendant la

Cette mon-tagne ſeule fit alors é-chouer ſon entrepriſe.

contagion : la paix, qui offroit au peuple le bras du foldat, le defir général des Puif-fances & des perfonnes à la tête de la Pro-vince, qui s'étoient unies dans le deffein de lui procurer ce bien ; & cependant ce projet fi bien concerté, commencé fous de fi heureux Aufpices, vient tout à coup fe brifer comme une vague, contre un ro-cher, à l'afpect d'une Montagne que l'on crut devoir fe rencontrer fur la route du Ca-nal, & qui fut feule la caufe que ce projet n'eut point alors fon exécution.

Elle ne pouvoit cependant ê-tre un obfta-cle à fon e-xécution.

Ce qui s'eft fait en 1724, au fujet de cette entreprife, eft une preuve trop complette, de la néceffité qu'il y a de la faire exécuter, pour que je puiffe me difpenfer de faire voir ici que cette Montagne du *Jas blanc*, toute réelle qu'elle eft, eft le plus chimérique de tous les obftacles que l'on puiffe oppofer à cette exécution ; ainfi, ce fera une diffi-culté de moins que j'aurai à réfoudre dans la derniere partie de cet Ouvrage.

Réfléxions qui le prou-vent.

Pour prouver que les opérations faites en 1724, pour déterminer la route que ce Ca-nal doit fuivre, ne doivent être d'aucun poids ; je n'ai qu'à faire obferver que l'ha-bile Ingénieur qui avoit été chargé en chef d'examiner cette route, eût des raifons que perfonne n'ignore, pour fe difpenfer de faire lui - même cet examen, dont la bafe eft le nivellement, & que la perfonne qui en fut chargée en fa place, non-feulement ne fça-

25

voit du tout point niveller, mais ignoroit même tout ce qui a rapport à la conduite des eaux, ainsi que son procès-verbal * en fait foi; mais comme il falloit nécessairement un Nivelleur, la Province lui fournit un Fontainier dont les opérations, jusqu'au terroir de Meyrargues, furent assez détaillées & assez exactes; mais depuis Meyrargues jusqu'à Rognes, on ne peut pas en dire de même, car il n'y a rien de si peu réfléchi que la maniére dont il procéda alors pour trouver la route du Canal.

Ce qui contribua peut-être aux erreurs dans lesquelles ce Nivelleur tomba, furent les restes considérables que l'on trouve encore en plusieurs endroits des terroirs de Jouques, de Peyrolles, de Meyrargues & autres de l'Aqueduc que Marius avoit fait construire : Cet Aqueduc portoit autrefois les eaux du terroir de Jouques à Aix, où elles arrivoient derriere la Chapelle Saint Eutrope, suivant M. Pitton, Historien de cette Ville, qui assure (pages 54, 673 & 674). qu'on voyoit encore des restes de cet ancien monument, à peu de distance de cette Chapelle, c'est-à-dire à plus de 25 toises au-dessus du niveau du Cours d'Aix.

On voit encore aujourd'huy, des parties de cet ancien Aqueduc dans le valon des Pinchinars, à environ un quart de lieue de cette Ville, & fort au-dessus du niveau de l'endroit que je viens de citer.

* du 7 Juillet 1724.

Comme les Romains avoient fait conduire à Aix des eaux de toutes parts, ainſi
qu'on peut en juger par les différens Canaux
qu'on voit encore en une infinité d'endroits,
entr'autres dans le terroir de Rognes; le Nivelleur de 1724, s'imagina que les anciens
Aqueducs qu'on trouve en ce terroir, étoient
une continuité de celui de Meyrargues;
dans cette idée, au lieu d'un nivellement
ſuivi dans l'intervale de ces deux terroirs,
on ſe contenta de faire ſans inſtrumens,
des obſervations générales . & d'aller par le
chemin des voitures, reconnoître l'Aqueduc des Romains qui eſt dans le terroir de
Rognes, ſans faire réflexion que ſi ce dernier Aqueduc étoit une ſuite de celui de
Meyrargues, il devoit être plus bas de toute la pente qu'il auroit fallu diſtribuer dans le
grand eſpace qu'il y a entre Meyrargues &
Rognes, mais faute d'avoir obſervé qu'il eſt
au contraire infiniment plus élevé, on con-
clut une impoſſibilité de pouvoir conduire
le Canal juſqu'à Aix, à moins qu'on ne traverſât la Montagne du *Jas blanc.*

Je dis plus; quand on ſuppoſeroit pour
un moment, que ces différens reſtes font
partie du même Aqueduc, les Obſervateurs
de 1724 ne devoient point oublier que les
Romains avoient conduit les eaux du terroir
de Jouques (dites de Tranconade je crois)
& non celles de la Durance, priſes dans le
même terroir : s'ils avoient fait cette réfle-

xion, ils auroient trouvé, avant que d'aller, en courant, à Rognes, que l'Aqueduc des Romains dans le terroir de Meyrargues, est d'environ 20 toises au-dessus du niveau des eaux de la Durance dans le terroir de Jouques; ils auroient d'ailleurs, & ç'auroit été une suite nécessaire de cette opération, cherché un endroit aux environs du terroir de Rognes, qui fut de 20 toises perpendiculaires & de plus même, plus bas que l'Aqueduc des Romains qui est dans ce dernier terroir, & ils auroient vû alors que non-seulement cette Montagne du Jas blanc n'étoit point un obstacle au cours des eaux du Canal, mais qu'elle ne pouvoit se rencontrer sur sa route, puisqu'entr'elle & cette route on trouve deux petites plaines & la Montagne d'Arnajon, ainsi que cela est constaté par tous les différens nivellemens dont j'ai parlé, & par ceux dont je ferai encore mention.

Enfin, quand on voudroit supposer, ce qui ne sçauroit être, c'est-à-dire, que cette Montagne du Jas blanc dût précisément se rencontrer sur le cours des eaux du Canal, elle ne seroit point un obstacle contre son éxécution, puisque si elle avoit trop d'épaisseur, & que la matiere dont elle est composée ne permit pas de la pénétrer, on la côtoyeroit comme on en côtoyera tant d'autres, dont les penchans sont moins doux & la hauteur bien plus grande; on n'est

point obligé dans un pays montueux de conduire des eaux en ligne droite ; il eſt au contraire ſouvent avantageux qu'un Canal deſtiné principalement pour les arroſemens,
comme celui dont il s'agit, faſſe de grands
circuits, & qu'il ſoit établi ſur des penchans
ou au bas des Montagnes, afin que toutes
les plaines des environs ſoient à portée de
profiter de ſes eaux: il ne faut pas être bien ha-
bile pour imaginer que lorſqu'une Montagne
ſe trouve ſur le paſſage d'un Canal, & que
quelques raiſons empêchent de la pénétrer, il
n'y a qu'à la contourner, ſur-tout quand on a,
comme à l'égard du Canal de Provence,
beaucoup plus de pente qu'il n'en faut, que
le cours des eaux ne ſçauroit être trop long,
que le principal objet de ſon produit eſt, ainſi
que je l'ai dit, celui des arroſemens, & que
par conſéquent, on peut dans certains en-
doits, lui donner d'autant moins de largeur,
que l'on donneroit plus de pente à ſon Lit.

La chimé-
rique diffi-
culté de la
Montagne
du Jas blanc
me donna
lieu de for-
mer mon
projet.

    J'avoue que c'eſt principalement à cet
obſtacle, que je dois l'émulation qui m'a ſi
vivement affecté pour une entrepriſe, dont
toutes les parties étoient ſi analogues à
la profeſſion que je commençois depuis
peu à exercer ; je ne pouvois comprendre qu'une Province entiere ſouhaitât
avec tant d'ardeur l'exécution d'un projet qui devoit l'enrichir, & qu'elle eut per-
du toute eſpérance par la rencontre idéale, mais qu'elle croyoit réelle, d'une Montagne que l'on diſoit ne pouvoir contour-

ner ; je ne voyois point d'ailleurs pourquoi cette Montagne ne pouvoit pas être
contournée; si c'étoit parce qu'elle est jointe
à d'autres, il n'y avoit qu'à les regarder toutes
comme ne composant qu'une seule Montagne, & établir le Canal sur son penchant; Ces
réflexions, quoique simples, me parurent
d'autant plus solides, que par le nivellement
& le devis du Sr Colombi, ci-devant cité,
j'apprenois que cette Montagne ne se trou-
voit point sur le cours des eaux; Pour en être
plus certain, je pris tous les niveaux nécessaires, & après avoir donné tout le tems convenable pour connoître suffisamment la nature
& la grandeur de l'entreprise que je projet-
tai dès - lors, je formai le dessein du Canal
que la Compagnie des Propriétaires va faire
construire, & dont je rendrai compte dans
la seconde partie de cet Ouvrage.

Ce fut en l'année 1733 que je parlai pu-
bliquement de mon projet ; quelques personnes qui crurent avoir des raisons pour ne
pas en souhaiter l'exécution, le critiquerent;
cependant le nombre des critiques ne fut pas
d'abord fort considérable, & s'il l'est beaucoup plus aujourd'huy, c'est que l'exécution
du Canal est prochaine ; mais comme je
connoissois les motifs qui faisoient agir ceux
qui n'aiment point ce Canal, je pris le parti,
& j'ai continué de le prendre dans la suite,
de profiter des objections qui ont quelque
fondement & de mépriser celles qui n'ont

Je le rendis public en 1733.

aucune folidité ; ainfi, les écrits & les difcours des Auteurs de ces dernieres n'ont
jamais fait fur moi aucune impreffion ; il
n'en fut pas de même de la joie que firent paroître ceux qui penfent fainement ; j'y fus
fenfible, & leur ayant donné des preuves non équivoques de mon zéle, les élo-
ges qu'ils donnerent à mon projet, m'ani-
merent fi fortement, que je crus devoir m'y
livrer entiérement , & n'épargner ni foins
ni dépenfes pour le faire réuffir.

Mémoire que j'adreffai à la cour en 1734. Renvoyé à M. Lebret.

    Dans cette vue, je pris la liberté, en l'an-
née 1734, d'adreffer à Monfeigneur le Contrôleur Général, un Mémoire que je dreffai
fur mon projet, il fut renvoyé à M. Lebret,
alors Intendant & Premier Préfident en
Provence, pour avoir fon avis & celui de
MM. les Procureurs du Pays de la même
Province, fur une affaire auffi importante.

Examiné par la Province.

    Mon Mémoire ayant été communiqué à
ces MM. il fut examiné avec foin dans plufieurs Conférences où fut appellé M. l'Affeffeur de l'année 1724; après y avoir fait
quelques changemens, mon projet fut una-

Elle approuve mon projet.

nimement approuvé dans une Affemblée
particuliére de la Province , tenue au mois
d'Octobre 1734 ; ce qui fut enfuite con-
firmé par l'Affemblée générale des Etats
de la même année : & comme je n'avois
point alors encore acquis le droit de dériver
les eaux de la Durance, ainfi que je le dirai
bientôt. Ce Mémoire contenoit en 22 art.

dont chacun fut examiné & approuvé par ces Affemblées, les priviléges que je demandois au Roy, pour l'exécution de mon entreprife : ce fut au bas de ce Mémoire que MM. les Procureurs du Pays mirent leur approbation en ces termes.

« Nous, Procureurs du Pays, après avoir *Approba-* » examiné dans plufieurs Affemblées, le *tion de MM* » projet du fieur Floquet, pour le Canal *les Procu-* » de la Provence & du Pont fur la Durance, *reurs du* » qui nous a été renvoyé par feu M. Lebret, *Pays.* » Premier Préfident & Intendant, pour » donner notre avis, après avoir retranché, » augmenté & rectifié ledit projet, il a été » délibéré par une Affemblée particuliére » de cette Province, & conformément aux » Conférences tenues avec feu M. Lebret, » d'approuver unanimement comme nous » approuvons, le projet dont il s'agit, en » fuivant exactement tout ce qui eft conte- » nu dans le préfent Mémoire. FAIT à Aix, » le 22 Octobre 1734. *Signé*, ROGNES, D'AL- » BERT, MALIGNON, BERNE ».

Le même jour ces MM. envoyerent à *Leur Lettre* la Cour le Mémoire & leur approbation au *au Miniftre* bas, & écrivirent à Monfeigneur le Contrô- *à ce fujet.* leur Général la Lettre fuivante.

MONSEIGNEUR.

« La ftérilité & la féchereffe de la plus » grande partie des terres de cette Province,

» a fait rechercher dans tous les tems, des
» moyens de dériver des Canaux de la Ri-
» viere de Durance, dont la rapidité & la
» trop grande abondance des eaux nuifent
» plutôt à cette Province, qu'elles ne leur
» font profitables. Après bien des projets
» dont les difficultés avoient fufpendu l'ap-
» probation de MM. les Procureurs du Pays,
» il s'eft préfenté heureufement le fieur Flo-
» quet, homme habile & entreprenant, qui
» eut l'honneur de vous adreffer un projet
» que vous jugeâtes à propos de renvoyer
» à M. Lebret, qui nous en confia l'examen,
» après lequel lui ayant communiqué nos
» réflexions dans plufieurs Conférences, &
» avoir rectifié cette entreprife dans laquelle
» notre principale attention a été de procurer
» à cette Province des avantages confidéra-
» bles fans aucune furcharge, avec l'agré-
» ment de feu M. Lebret, il a été délibéré
» dans une Affemblée de la Province que
» nous approuverions ledit Projet, ce qui a
» été fait unanimement en exécutant exac-
» tement tous les articles & les conditions
» expreffément expliquées dans le Mémoire
» que nous avons l'honneur de vous adref-
» fer avec notre approbation au bas.

   » Nous fommes avec un très profond ref-
» pect, Monfeigneur, Vos très-humbles &
» trés-obéiffans ferviteurs, les Procureurs des
» Gens des Trois Etats du Pays de Provence.
» *Signé*, ROGNES, D'ALBERT, MALIGNON,
» BERNES ».   MM.

MM. les Procureurs du Pays me per-mirent de joindre à leur paquet pour la Cour, un Mémoire & une Lettre que j'eus l'honneur d'écrire le même jour à Mon-seigneur le Contrôleur Général.

Pour mieux établir la possibilité de l'exé-cution de mon entreprise, que je n'avois en quelque façon proposée que d'après les anciens nivellemens dont j'ai parlé, je me joignis à diverses personnes intelli-gentes, pour reconnoître avec soin les différentes routes que l'on pouvoit faire suivre à ce Canal : les observations que nous fîmes en 1736 & en 1737, ayant dé-montré la possibilité de l'entreprise, un Anonime, préférant sans doute, son Pré ou son Moulin au bien général de la Pro-vince, adressa alors à la Cour un Mé-moire qui fut renvoyé à M. Lebret, & communiqué à MM. les Procureurs du Pays; ces MM. voulurent bien se don-ner la peine, de discuter l'une après l'autre, toutes les objections qu'il renfer-moit, tant ils avoient à cœur l'exécution du Canal, & il leur fut facile de les sa-per par le fondement; je ne rapporterai ici que le commencement de leur Réponse.

« L'objet de cette entreprise est de faci-» liter le transport des Bois de Bourgo-» gne, pour la construction des Vaisseaux » & des Galéres du Roy, & d'un nombre » infini de Marchandises, par la communi-

Nouveaux nivellemens de la route du Canal.

1736.
1737.

Mémoire d'un anoni-me.

Commence-ment de la réponse de MM. les Procureu s du Pays, à ce Mémoire.

» cation du Rhône à la Mer de Marseille,
» fans paſſer par le Golfe de Lyon ; de
» procurer l'abondance des Chanvres,
» ſi néceſſaires pour les Cordages de la
» Marine, & des Légumes pour l'avituail-
» lement des Galéres, & pour le Public,
» comme auſſi toutes ſortes de Denrées,
» Bois & Fruits de la Montagne, pour les
» Villes d'Aix & de Marſeille ; finalement,
» de diſtribuer dans ſon cours, des eaux
» pour les Arroſages, les Moulins & En-
» gins, & de les terminer pour l'embelliſ-
» ſement & l'utilité des *Baſtides* *, & pour les
» décorations des mêmes Villes : Cette idée
» préſente des avantages ſi conſidérables, que
» l'on ne peut que déſirer que cette entre-
» priſe ſoit poſſible , &c.

Tous les avantages, dont MM. les Procureurs du Pays font l'énumération dans
leur Réponſe, ſont donc aſſurés, puiſque
la poſſibilité du Canal eſt démontrée par
les anciens nivellemens que j'ai rapportés,
Nivellemēt de 1740. & par ceux de 1736 & 1737, qui furent
vérifiés en 1740, par M. de Fontan de
Rivet, Ingénieur, ainſi que ſon Certificat
du 19 d'Août le prouve, & enfin, par ce-
Idem de 1742 & 1743. Objet de ces opérations. lui de 1742 & 1743. Ce dernier nivellement & les autres opérations & obſerva-
tions qui furent faites en même tems, le
furent avec d'autant plus de ſoin, qu'elles
devoient ſervir de baſe au Devis eſtimatif

* Maiſons de Campagne.

des ouvrages, déterminer la route que l'on pourroit faire tenir au Canal, & précéder les accords qu'il convenoit de paſſer avec les Entrepreneurs qui feroient chargés de fa conſtruction.

Je fis ces opérations avec M. D'alleman, ancien Ingénieur de Sa Majeſté, M. le Baron de Châteauneuf fon fils, & M. Gerard l'aîné Architecte de Marſeille : Par leur Certificat du 15 Décembre 1743, on voit qu'il n'y a rien de plus évident que la poſſibilité du Canal; que la Montagne du *Jas blanc* ne ſçauroit fe rencontrer fur fa route, & que nous avons employé, à mes frais, pluſieurs mois fur le terrain, pour prendre les niveaux, pour fonder & reconnoître la nature des foüilles, celle des autres ouvrages, la longueur du cours du Canal , & généralement tout ce qui étoit néceſſaire pour pouvoir dreſſer fur nos Mémoires un état des dépenſes de fa conſtruction, & pour faire graver la Carte de fon cours.

Cette Carte a été gravée, & je fis imprimer à Marſeille , en 1746 , le devis eſtimatif de tous les différens ouvrages qui doivent être conſtruits pour l'exécution de ce Canal; je dreſſai ce devis d'après les opérations de 1742 & 1743, & je fis joindre à chaque Exemplaire une Copie imprimée des certificats que je viens de citer.

Carte du cours du Canal.

Devis eſtimatif des ouvrages.

Si tous ces différens nivellemens prouvent la possibilité physique de l'exécution du Canal, les offres qu'une Compagnie d'Architectes & d'Entrepreneurs a faites de se charger de sa construction, en prouvent la possibilité morale : cette Compagnie qui a été formée par M· Maurice-Michel Fauvel, Architecte & Entrepreneur de Bâtimens à Paris s'engage de faire construire le Canal de Provence, pour la somme de six millions & cent mille livres payables de cent mille en cent mille livres, à mesure qu'on approuvera ce qu'on recevra des parties d'ouvrages montant chacune à cent dix mille livres ; de rendre ce Canal en sa perfection dans l'espace de six années, depuis sa naissance dans la Durance, jusqu'à son embouchure dans la Mer à Marseille ; de payer d'avance la valeur du terrain que son lit & ses bords occuperont, d'être chargé de son entretien & récurage pendant neuf années, sous la rétribution annuelle de trente-six mille livres, de faire en ouvrage une avance de six cens mille livres dans le tems qui sera employé à la construction du Canal, dont cent dix mille livres en le commençant avant qu'on lui remette aucun argent, de laisser ces six cens mille livres entre les mains de la Compagnie des Propriétaires, qui lui en payera pendant dix années l'intérêt au denier vingt, & cela, pour assurance de la solidité des ou-

vrages ; de fournir tous les Ouvriers &
tous les matériaux, de faire généralement
toutes les dépenfes prévuës & non prévuës,
en quoi qu'elles puiffent confifter, pour
l'entiére exécution de l'entreprife ; d'exécuter dans cette vue le devis eftimatif dont
je viens de faire mention, fans oublier les
augmentations d'ouvrages que M. Fauvel
a trouvé néceffaire d'ajouter à ceux du devis, lorfqu'il a été faire la vérification du
cours des eaux & fes obfervations fur les
parties qui demandent un examen particulier ; enfin d'obferver & d'exécuter tout ce
qui eft contenu dans fes offres qui ont été
acceptées après avoir été mûrement exa-
minées par ceux des intéreffés au Canal,
que la Compagnie des Propriétaires avoit
priés & choifis à cet effet dans deux
différentes Affemblées, tenues les 16 d'A-
vril & 15 de May 1749 *.

Pour avoir, préférablement à tous autres,

* Les perfonnes qui ont examiné & reçu ces offres,
font M. le Marquis de Vence, M. le Marquis de Bruée,
M. le Baron d'Oppede, M. le Marquis de Rognes,
pour lui & pour M. le Marquis d'Albert, M. de Champorcin, M. D'alleman ancien Ingénieur de Sa Majefté,
M. de Saint - Julien Ingénieur ordinaire du Roy,
MM. Regibaud & Blaint Avocats, Agents de la Compagnie, M. Bouche de Marfeille Avocat, M. Veyrier Procureur au Parlement d'Aix, M. Vallier &
moi.

Elles ont été enfuite communiquées & approuvées par
une Affemblée des Intéreffés, & par M. Brun Architecte de Marfeille, & autres Architectes comme lui,
membres de la Compagnie des Entrepreneurs.

le droit de dériver en Provence des eaux de la Durance, j'ai acquis celui qui avoit été accordé à la Maison d'Oppede, par les Rois Louis XII. Louis XIII. & Louis XIV. Comme j'ai déja suffisamment parlé de ces priviléges, je me contenterai de dire que je convîns à ce sujet avec feu M. le Marquis d'Oppede, le 4 de Juillet 1736; mais nos accords étant devenus nuls par l'expiration du terme convenu, j'acquis de nouveau les mêmes priviléges le 15 Mars 1742, & le 11 Juin 1746, de M. le Baron d'Oppede, fils & héritier de feu M. le Marquis d'Oppede, & seul en droit de le céder en vertu de la substitution apposée au Testament de feu M. de Meynier, Président du Parlement de Provence, laquelle est éteinte en la personne de M. le Baron d'Oppede.

Depuis 1733 jusqu'en 1739 je n'ai associé à mes droits que deux seules personnes; je fis ces associations gratuitement & successivement, c'est-à-dire, que je ne convîns avec le dernier Associé qu'après que le premier n'eut plus aucun droit dans mon entreprise; depuis long-tems l'un ni l'autre n'y ont plus aucun intérêt.

En 1742, dans la vuë de parvenir plus facilement à faire réussir mon projet, & pour ne pas continuer de fournir seul aux dépenses considérables qui devoient précéder son exécution, je commençai à asso-

cier à mes droits & priviléges, diverfes perfonnes, dont le nombre eft aujourd'huy
beaucoup augmenté; ce font tous ces différens Affociés, ceux que j'affocierai encore, les ayans caufes des uns & des autres & moi, qui compofent la Compagnie des Propriétairesdu Privilége de la dérivation des eaux de la Durance, ou Compagnie des Propriétaires du Canal de Provence ou Canal d'Aix & de Marfeille.

Pour faire ces Affociations avec ordre, *Divifion de mon projet & de ce privilége, en 9600 parties.*
mon projet & mon privilége ont été divi-
fés en huit cent parties égales, qu'on peut
appeller fols, & chaque fol en douze deniers; ainfi tout l'intérêt de cette Compagnie eft divifé en neuf mille fix cens portions, ou parties égales, qui ont été fouvent appellées Actions, quoiqu'elles n'en
ayent ni la forme ni les propriétés, puifque pour les faire paffer des cédans aux
ceffionnaires, il a toujours été befoin d'un
tranfport exprès. Les conditions des accords que j'ai paffés avec mes Ceffionnaires ou Affociés, font non-feulement com-
prifes dans nos conventions, mais dans les
Regiftres des Délibérations, & autres de
la Compagnie des Propriétaires.

Tous les différens Canaux & les autres *Mon projet & mon privilége appartiennent à la Compagnie des Propriétai-res.*
entreprifes que mon projet renferme, &
que cette Compagnie fera exécuter, lui
appartiendront à perpétuité, déduction faite
du prix de l'achat du Privilége dont je viens

de parler, de toutes les dépenses préliminaires, à compter seulement du premier de Janvier 1749, attendu que celles qui ont été faites avant ce tems-là, toutes grandes qu'elles sont, l'ont été à mes frais; déduction encore des dépenses de construction, & de celles de l'entretien des ouvrages, des frais de régie, & de tous ceux enfin qui seront dans tous les tems occasionnés par ce projet, dont la propriété & le net produit appartiendront aux membres de cette Compagnie, chacun proportionnément à l'intérêt qu'il y aura acquis & conservé.

Ce que je viens de dire au sujet de la Compagnie des Propriétaires fait voir que c'est avec peu de fondement que quelques-uns ont avancé qu'elle devoit être regardée comme une simple association à mon privilége, & comme une Compagnie particuliére que j'avois formée pour partager mes soins & les dépenses que j'aurois besoin de faire avant qu'on travaille sur le terrain; Ils auroient pû ajouter que, puisqu'elle partageoit mes risques & mes dépenses, il étoit juste qu'elle participât à mes profits; mais ils se contentent de dire que la compagnie des Propriétaires du Canal est celle qui fera les frais de sa construction. Je conviens que si les intéressés actuels ne fournissoient point aux dépenses préliminaires, & qu'ils refusassent leur contin-

gent, lorfqu'il fera queftion de la conftruction des ouvrages, en ce cas, ils feroient
obligés ou d'abandonner leur projet, qu'une
autre Compagnie feroit fans doute exécuter,
ou de céder à ceux qui feroient à leur place les dépenfes, telle portion de ce projet que ceux-ci demanderoient, puifque
fans le fecours de ces fourniffeurs, le Canal auroit été inutilement projetté ; mais
dès que la Compagnie actuelle a délibéré
de le faire conftruire, de fes propres fonds,
ainfi que je le dirai ci-après, la difficulté
dont il s'agit, n'eft autre chofe qu'un raifonnement hazardé, & que je ne releve
que pour des confidérations qu'il eft inutile
de rapporter ici.

De tout ce que j'ai dit jufques ici, on
peut conclure que non-feulement on n'a
jamais mis en doute les avantages immenfes que la Provence retireroit par la conftruction d'un Canal, mais encore que la
poffibilité de le conftruire, a toujours été
reconnue. Dès qu'il eft conftant que les
eaux de la Durance, prifes dans le terroir
de Jouques, où fera établie la naiffance de
ce Canal, peuvent être portées à Aix, on
ne peut difconvenir qu'elles le pourront
être jufqu'à Marfeille ; puifque cette derniere Ville eft infiniment au-deffous du niveau de l'autre : Aix eft fort au-deffus de
celui de la petite Riviere de l'Arc ; cette
Riviere roule fes eaux avec beaucoup de

rapidité, jufqu'à l'Etang de Berre, ou Mer de Martigues, c'eft-à-dire, jufqu'au niveau de la Mer de Marfeille, qui eft contigue à cet Etang; ainfi, fi le Canal de Provence peche du côté de la pente, c'eft d'en avoir trop : On verra dans la feconde partie que, quoique la dépenfe de la conftruction de ce Canal foit portée à fix millions de livres, cette fomme ceffe d'être confidérable, étant comparée aux revenus que promet ce Canal : Je ferai voir cependant dans la troifiéme, que les Entrepreneurs ne peuvent que gagner beaucoup dans le marché qu'ils ont conclu avec les Propriétaires, & dont j'ai rapporté le précis. Je paffe à la feconde partie de cet Ouvrage, pour faire connoître la nature de mon projet, & donner une idée fuffifante des avantages qui en doivent revenir au Roy, à la Province, & aux Intéreffés.

SECONDE PARTIE.

Nature du Canal de Provence ; Avantages du Roy, de la Province, & de la Compagnie des Propriétaires.

Différence de ce Canal aux autres entreprises de pareille nature.

Mesures prises pour en assurer la réussite.

L'Objet de mon entreprise est de dériver de la Riviere de Durance dans le terroir de Jouques, aux environs du Bacq de Mirabeau, un grand Canal d'Arrosement & de Navigation ; de le conduire par les terroirs de Peyrolles, de Meyrargues, de Venelles, & jusqu'à l'endroit qui sera jugé le plus propre pour y établir un Bassin de partage des eaux ; de tirer de ce Bassin deux Canaux, aussi d'arrosement & de navigation, dont l'un après avoir passé par le terroir de Saint Canat, & au-dessus de la Ville d'Aix, aura son embouchure dans la Mer, auprès de Marseille, & l'autre après avoir traversé de vastes plaines, dégorgera ses eaux dans le Rhône, auprès de Tarascon : ce qui, outre l'avan-

Objet de mon Entreprise.

Canal de Provence.

Divisé en 2 branches.

Premiere branche.

Seconde branche.

tage ineftimable d'arrofer une étendue immenfe d'un terrain fec & aride, & de mettre en mouvement une infinité de Machines & de Moulins de toute efpece, établira par le moyen de la Navigation une communication par eau, depuis Tarafcon jufqu'à la naiffance du Canal; encore depuis cette derniere Ville jufqu'à Marfeille, en paffant par Aix & en évitant en tout tems, les dangers du Golfe de Lyon, & ceux du trajet de Mer depuis les embouchures du Rhône jufqu'à Marfeille; & enfin, depuis Marfeille, toujours en paffant par Aix, jufqu'à la naiffance du Canal, auprès de Mirabeau.

Médiocres Canaux d'Arrofement. Je comprends auffi dans mon projet, divers médiocres Canaux d'arrofement que j'ai depuis long-tems propofé de dériver de l'un & de l'autre côté de la Durance, pour fertilifer les Campagnes, qui ne pourront l'être par les eaux du Canal de Provence : tels font entr'autres.

Canal de Manofque. 1°. Le Canal de Manofque, dont la fource & l'embouchure feront dans la Durance, & le cours par les terroirs de Vilneuve, de Volx, de Manofque, de Sainte Tulle, & de Corbiere qu'il arrofera.

Canal de Cadenet. 2°. Le Canal de Cadenet, qui fera nourri par la même Riviere, dans laquelle il déchargera auffi fes eaux, & qui eft deftiné pour arrofer une partie des plaines de Pertuis, de Villelaure, de Cadenet, de Puyvert, de Lauris, &c.

3°. Le Canal de Noves, dont les eaux, auſſi dérivées de la Durance, ſe déchargeront dans le Rhône, fourniront aux arroſemens d'une partie du terroir de Taraſcon & des autres terroirs qui ſont aux environs de celui de cette Ville, & mettront en mouvement pluſieurs Moulins à bled, & diverſes autres Machines. Mais comme la branche du Canal de Provence, qui, du Baſſin de partage, viendra ſe jetter dans le Rhône, pourroit procurer tous ces avantages, le Canal de Noves n'aura lieu qu'autant que cette branche, ou Canal de communication, venant du baſſin de partage à Taraſcon, ne ſeroit point exécuté.

Cette même branche ou Canal, qui communiquera le Baſſin de partage au Rhône, n'aura lieu qu'autant que le Canal de ſimple navigation, dont jai parlé en la page 7, & qui joindroit le Port de Bouc au Rhône, en-deſſus & au-deſſous d'Arles, ne ſeroit point exécuté, attendu que ſi ce dernier réuſſiſſoit, celui de Provence ſeroit joint au Rhône par la branche qui en ſeroit tirée dans le terroir d'Aiguilles, & qui déchargeroit ſes eaux dans la Mer de Martigues, ainſi que je l'ai ſuffiſamment expliqué en l'endroit que je viens de citer.

Enfin, mon projet renferme encore la conſtruction d'un Pont ſur la Durance, pour le paſſage des Troupes & des Couriers, & pour la facilité du Commerce,

& les moyens de fixer un Lit, à une partie du cours de cette Riviere depuis Sifteron jufqu'à fon embouchure, afin de fubftituer aux ravages affreux qu'elle caufe par fes débordemens, les biens infinis qu'elle procureroit par fes délaiffemens.

On commencera par la conftruction du Canal de Provence

Tel eft en général, le plan de mon projet; mais comme ce feroit trop entreprendre que de vouloir l'exécuter tout à la fois, la Compagnie des Propriétaires ne fe propofe, quant à préfent, que de travailler au Canal que j'ai nommé le *Canal de Provence*, ou *Canal d'Aix & de Marfeille*, & elle remet l'exécution des autres entreprifes, dont je viens de parler, après qu'elle aura achevé celle du Canal d'Aix & de Marfeille, qu'elle regarde, avec raifon, comme la principale & la plus effentielle partie de mon projet; c'eft auffi celle que je vais tâcher de déveloper le plus clairement qu'il me fera poffible.

Source du canal d'Aix & de Marfeille.

Le Canal de Provence, ou Canal d'Aix & de Marfeille, fera nourri, comme je l'ai déja dit, par la Durance; on établira la prife de fes eaux dans le terroir de Jouques, auprès du Bacq de Mirabeau, à travers le Rocher appellé *de Canteperdrix*, qui avance dans le Lit de cette Riviere, reçoit continuellement le choc du courant de fes eaux, & eft contigu & fait partie de l'une des deux Montagnes auffi de Roche, qui bordent la Durance en cet endroit, de chaque côté; avantage unique, qui mettra toujours cette premiere & principale partie du Canal, à l'abri de tout événement.

Le cours de ce Canal, fera par le terroir *Route qu'il doit fuivre.* de Jouques, de Peyrolles, de Meyrargues, de Venelles, du Puy, d'Arnajon, de Saint Efteve, de Janfon, de Rognes, de Saint Canat, d'Aiguilles, & paffant au-deffus de la Ville d'Aix, il fera conduit par les terroirs de Tholonet, de Meruis, de Gardannes, de Gabries & de Septemes, jufqu'à Marfeille, où il dégorgera fes eaux *Son Embouchure.* dans la Mer, par diverfes embouchures.

Pour parvenir plus fûrement à l'exécution *Son cours divifé en 4 longueurs.* de cette entreprife, la Compagnie des Propriétaires reconnoiffant que fi une partie de ce Canal, du côté de la Durance, étoit faite, elle feroit elle-même, ainfi que je l'expliquerai ci-après, un moyen pour avoir des fonds fuffifans, afin d'achever les autres parties, a divifé le cours de ce Canal en quatre longueurs,qui peuvent être regardées chacune comme autant de Canaux, ou ouvrages finis.

La premiere de ces longueurs eft celle *Premiere longueur.* dont la Compagnie des Propriétaires fera les frais, ainfi qu'elle l'a délibéré dans le moisd'Août 1749:cette longueur comprend l'intervale qui eft entre la naiffance, ou la prife des eaux du Canal dans la Durance, jufques dans le terroir de Meyrargues.

Deuxiéme longueur.

La feconde renferme l'efpace qui eft de-puis l'endroit du terroir de Meyrargues, où la premiere fera terminée, jufqu'aux confins de celui de Saint Canat, proche les terroirs d'Aiguilles & d'Aix : Cette fe-conde longueur du Canal fera conftruite ou aux frais de la Compagnie des Proprié-taires, ou par le fecours qu'elle retirera de la conftruction de la premiere longueur, dont elle pourroit céder le produit à des prêteurs, ou enfin, de l'argent que fes Agens, ou ceux que je munirai de mes pouvoirs, lui procureront, s'ils convien-nent à ce fujet avec des Croupiers ou Fourniffeurs.

Troifiéme longueur.

La troifiéme longueur contient depuis l'endroit du terroir de Saint Canat, où au-ra été terminée la feconde, jufqu'à la Mer auprès de Marfeille.

Quatriéme longueur.

Et la quatriéme comprend la branche de ce Canal, qui doit communiquer au Rhô-ne, & qui fera nourrie par les eaux du Baffin de partage.

A l'égard de ces deux dernieres lon-gueurs, la Compagnie des propriétaires n'a befoin pour faire travailler, même avec toute la diligence requife, que d'y em-ployer le produit annuel qu'elle retirera de l'exécution des deux premieres, ou d'em-prunter telle fomme qu'elle voudra, en cédant une partie de ce produit, pour

le

le change de la fomme empruntée, jufqu'au jour du remboursement.

Quoique les Entrepreneurs dont j'ai parlé
ci-devant ne foient point obligés de rendre navigables, en remontant, les trois premieres longueurs qui comprennent le Canal depuis la Durance jufqu'à Aix & à Marfeille; je dois faire obferver que la fituation
des lieux eft telle, que la partie de fon
cours, depuis en-deffous de l'endroit où
fera établie la dérivation des eaux, jufqu'au
commencement du terroir de Marfeille,
peut & doit néceffairement être conftruite
fans aucune Eclufe dans la longueur de ce
grand efpace, qui eft de plus de foixante
mille toifes, durant lefquelles on ne diftri-
buera que la pente qui fera jugée convenable pour occafionner la dépenfe d'eau qui
fera déterminée ci-après en fon lieu; ainfi,
pour rendre navigable cette partie du Canal, fans rien changer aux accords· qui
ont été paffés avec les Entrepreneurs, la
Compagnie, ainfi qu'elle l'a réfolu, n'a
qu'à faire pratiquer, pendant cette longueur,
un chemin de tirage.

*Obferva-
tion fur la
navigabilité
de ce Canal.*

Mais comme la pente du terrain, dans
l'étendue du terroir de Marfeille, eft pro-
digieufe, puifqu'il y en a de quatre à
cinq cens pieds de refte, la Compagnie
fera conftruire dans la fuite, & des revenus du Canal, un nombre fuffifant d'Eclufes pour abforber cette pente : en attendant,

afin que la navigation foit d'abord établie, elle entretiendra les voitures néceffaires pour le tranfport des Marchandifes dans la partie du cours du Canal, qui traverfera ce terroir, & dans celles où il pénétrera, les hauteurs dont je parlerai dans la troifiéme partie de cet ouvrage.

Idem pour avoir dans la fuite toute l'eau qu'on voudra.

Il feroit inutile d'entrer ici dans aucun détail, fur les moyens fimples & affûrés dont la Compagnie peut fe fervir pour rendre navigable cette derniere & courte partie du Canal, fans interrompre le cours de fes eaux, ni fans faire ceffer fon produit; la fituation des lieux, non-feulement permet de le faire, mais encore de difpofer la branche nourrice de ce Canal, c'eft-à-dire, celle qui joindra la Durance au Baffin de partage, de forte qu'elle reçoive * quand on voudra, beaucoup plus d'eau qu'on n'en dérivera d'abord, fans interrompre auffi fon courant & fon produit annuel, & en ne faifant, à cette occafion, que de médiocres dépenfes.

Avantages que ce Canal procurera.

Un Canal dont l'objet eft de faciliter le Commerce, & de rendre les terres fertiles, ne fçauroit être que fort avantageux au Souverain & au Peuple ; & quand les frais de fa conftruction font fort au-deffous de fon produit, il ne peut auffi que procurer de grands profits à fes Auteurs : pour prouver que c'eft-là précifément l'idée que l'on peut fe former du Canal d'Aix & de Marfeille,

* Voyez le devis eftimatif, page 10.

je paffe aux avantages qui en reviendront au Roy, à la Province, & à la Compagnie des Propriétaires.

Sa Majefté trouvera fans dépenfe par la conftruction de ce Canal, l'avantage de *Avantages de Sa Majefté.* fertilifer une des grandes Provinces de fon Royaume, qui en a le plus de befoin; cette fertilité attirera de nouveaux habitans qui y viendront des Etats voifins, parce que les hommes cherchent l'abondance. Par le moyen de ce Canal le Commerce de cette Province fera confidérablement augmenté, & Sa Majefté pourra y entretenir de la Cavalerie, faire tranfporter à peu de frais & en droiture à Marfeille les Bois de la haute Provence & du Dauphiné, pour la conftruction des Vaiffeaux, & les Courbes, pour la même conftruction, qui fe trouvent fur le cours de la riviere de Verdon; établir des Martinets, des Scies à eau, & des Machines pour forger des Ancres & autres ouvrages de fer; des Foulons pour les Manufactures, &c.

Outre la quantité de légumes qui defcendra à Marfeille par le Canal, fes arrofemens en produiront encore abondamment pour l'avituaillement des Vaiffeaux, & on recueillera par le même fecours, tous les chanvres néceffaires pour les Arfénaux de Toulon & de Marfeille.

L'Armée & la Province auroient moins fouffert dans la derniere Guerre, fi ce Canal avoit été conftruit; cet événement est si récent & si connu, qu'il n'est pas besoin que j'entre dans aucun détail à ce sujet.

Après son éxécution, il sera plus facile qu'aujourd'huy de construire un *Pont* sur la Durance, & de fixer un *Lit* à la partie du cours de cette Riviere, depuis Mirabeau jusqu'à son embouchure.

A tous les précédens avantages, on pourroit encore ajouter ceux qui reviendront à Sa Majesté après que ce Canal aura été entiérement rendu navigable en remontant, & qu'on en aura tiré la branche qui doit le communiquer au Rhône près de Tarascon; il est plus aisé de sentir tous ces avantages que de les décrire.

Avantages de la Province. Ce Canal procurera d'ailleurs des biens sans nombre à la Provence, la plus valeur des terres arrosées par ses eaux en est un si réel & si grand, que seul il mériteroit la dépense de plusieurs Canaux. Ces arrosemens augmenteront & assureront la récolte des Olives, & ces Olives ne seront point véreuses; ils augmenteront aussi celles des Soyes, en multipliant le nombre des Muriers qui croîtront par ce moyen en peu de tems: ce n'est qu'avec le secours des eaux que l'on fait de doubles récoltes, l'une en Froment, l'autre en Légumes; les Moulins à bled, à huile, à soye, & les autres Machines de toutes sortes, que les eaux du Canal mettront en mouvement, & le défri-

chement des terres incultes, qui fera occa-
fionné par le plus grand nombre d'Habitans
que l'abondance & la fertilité attireront en
Provence de tous les Etats voifins, feront
auffi un grand avantage pour le Public;
l'augmentation des pâturages, chofe fi rare
en Provence, & fi néceffaire en tout tems,
fur-tout quand Sa Majefté a des Troupes
dans cette Province, occafionnera la mul-
tiplication des Beftiaux, & ces Beftiaux
procureront le moyen d'engraiffer les terres,
& de diminuer le prix de la viande de bou-
cherie & fa mauvaife qualité; puifqu'aujour-
d'huy, faute de pâturages dans les environs
d'Aix, de Marfeille, de Toulon, &c. pour
y mettre en magafin les Beftiaux deftinés
à la matterie, on ne peut en affurer la
fourniture.

Les Villes d'Aix & de Marfeille, entre
autres, feront d'ailleurs abondamment fournies des chofes dont elles manquent fouvent, ou qu'elles n'ont qu'à grands frais,
par la difficulté du tranfport.

Ce Canal leur procurera à un prix raifon-
nable, au moyen des Bateaux plats & des
Radeaux qui y feront auffi bientôt vendus,
toutes les Denrées & autres Effets de la
haute Provence & du Dauphiné; les Bois
pour les Edifices, & ceux pour le chauffage, y feront moins rares & moins chers.

Les Marchandifes & Denrées de toutes
fortes, que Marfeille fournit à la haute

Provence & au Dauphiné, feront rendues à moins de frais, jufqu'aux environs de la naiffance du Canal, ce qui en diminuera le prix, & en augmentera la confommation.

La diminution du prix des Denrées en général, & par conféquent celle du falaire des Ouvriers, donneront lieu à l'établiffement de plufieurs Manufactures, fur-tout à Aix & à Marfeille : ces deux Villes pourront être décorées & embellies par plufieurs piéces d'eau, telles qu'on n'en n'a vû nulle part : le Canal fera à leur égard, une Riviere intarriffable, abondante & élevée, qui pourra faire jouer continuellement fes eaux, lefquelles feront enfuite employées à des arrofemens, ou à quelqu'autre ufage utile.

Les fommes mêmes, qui feront débourfées pour l'exécution de ce Canal, feront un avantage pour le Public.

Ceux que la Provence retirera par la conftruction du Pont, & la fixation du Lit de la Durance, dont il a été parlé, ajouteront à tous les précédens, & feront eux - mêmes augmentés par ceux qu'elle retirera par la conftruction des Canaux de Manofque, de Cadenet & de Noves, & par la jonction de celui d'Aix & de Marfeille au Rhône ; on ne finiroit jamais s'il falloit détailler tous les avantages que le Canal d'Aix & de Marfeille, qui eft la bafe de toutes ces autres entreprifes, procurera à la Province; on en peut juger par les autorités que j'ai rapportées en la premiere partie, & qui feules prouvent bien mieux que je ne le pourrois moi-même, combien il eft intéreffant pour la Provence, que cette entreprife réuffiffe.

Les avantages que la Compagnie des Propriétaires trouvera dans l'éxécution de cette entreprife, ne peuvent être que bien confidérables, puifqu'ils confiftent en tous les revenus dont ce Canal eft fufceptible; tous les frais préliminaires, de conftruction d'ouvrages, d'entretien de récurage & de régie prélevés, & les autres dépenfes qui feront une fuite de celles-là; mais comme cette Compagnie ne demande aucun argent à fa Majefté ni à la Province, il eft néceffaire d'entrer dans quelque détail fur les revenus de ce Canal, pour faire voir qu'ils font de nature à devoir l'engager, ou à faire elle-même les frais de cette conftruction, ou à convenir pour cela, avec des Fourniffeurs ou Croupiers. *Avantages des Intéreffés ou Compagnie des Propriétaires.* *Elle ne demande aucun argent au Roi, ni à la Province.*

La quantité d'eau que ce Canal recevra & fournira continuellement peut être regardée comme le fondement des principaux articles de fon produit, & du profit, par conféquent, que les Propriétaires en retireront. On trouvera dans la troifiéme partie de cet Ouvrage, les Calculs * qui déterminent *Fondemēt de ces avantages.*

* J'ai fait ces Calculs avec M. Fauvel, le même Architecte dont j'ai déja parlé.

cette dépenſe d'eau, & par leſquels il eſt prouvé qu'elle ſera par chaque minute, de plus de 400 mille canons d'un denier, meſure uſitée en Provence, dont chacun depenſe 15 livres peſant d'eau par minute, & eſt égal, par conſéquent, à un demi pouce ordinaire d'eau, plus un quatorziéme de ce demi pouce; ainſi, les 400 mille Canons équivalent à 214 mille 285 pouces ⅞. dont chacun en dépenſe vingt-huit livres peſant dans l'eſpace de ſoixante ſecondes.

De cette quantité d'eau, on doit en déduire dix mille canons, pour compenſer au quadruple celle que le Soleil attirera, & que le Vent emportera dans tous les tems *; encore une pareille quantité, ſi l'on veut, pour avoir égard à celle qui s'échapera pendant quelques mois ſeulement, à travers le lit & les chauſſées du Canal, c'eſt-à-dire, à celle qui filtrera juſqu'à ce que les pores du terrain ſoient bouchés par la vaſe & le limon, dont l'eau de la Durance eſt preſque toujours chargée, & qui eſt très-propre, non-ſeulement à fertiliſer les terres, mais encore à en engorger les pores, &

---

* Quand on ſuppoſeroit que pour ces deux conſidérations, la ſurface de l'eau du Canal, longue de 70 mille toiſes, large en général d'environ trois toiſes & demie, ſeroit rabaiſſée de l'épaiſſeur d'un pouce dans 24 heures, comme cela arriveroit ſi le tems étoit toujours fort chaud, & que le vent ne ceſſât de ſouffler; cette diminution d'eau ſeroit cependant par chaque minute, moindre que du quart de ces dix mille canons.

empêcher par ce moyen la fuite des eaux, quelque part que le Canal soit affis.

Quoique cette diminution de vingt mille canons d'eau, ne réduife qu'à trois cens quatre-vingt mille celle que le Canal dépenfera par chaque minute; néanmoins pour ne rien avancer qui ne foit à l'avantage des Propriétaires , j'en retranche encore 80 mille, & je fuppofe que la dépenfe d'eau de ce Canal fera de trois cens mille canons d'un denier feulement , dans l'efpace de 60 fecondes, & ce fera fur cette derniere quantité que j'établirai les quatre principaux articles de fon produit.

Le premier eft la Vente d'une partie de fes eaux, en propriété, à une fomme fixe le canon, moyennant laquelle , l'Acheteur pourra, à perpétuité, l'employer à tel ufage qu'il voudra, excepté pour des Moulins & autres Machines; mais comme on ne peut déterminer d'avance la quantité d'eau qui fera ainfi vendue, je fuppofe qu'elle fera feulement d'environ vingt mille canons; fçavoir dix mille depuis la naiffance du Canal, jufques & compris la Ville d'Aix & fon terroir;& les dix autres mille,depuis l'extrémité du terroir d'Aix, jufques & compris la Ville & le terroir de Marfeille.

Les premiers dix mille canons peuvent être vendus au moins 4 à 500 livres le canon , prix moyen. Pour peu qu'on connoiffe l'étendue du terrain qui eft entre

Dépenfe d'eau du Canal.

Premier article de produit. Vente d'eau en propriété

la Ville d'Aix & la source du Canal, on conviendra que cette quantité n'est pas considérable, & qu'elle a plutôt pour objet l'embellissement & la décoration des Villes, des Villages, des Maisons de campagne & l'utilité des Jardins, que de grands arrosemens.

Les autres dix mille canons, qu'on peut encore fixer de 800 à 1000 livres, prix moyen, seront aussi vendus pour le même usage. Si on fait attention à la quantité de *Bastides*, ou Maisons de campagne, qui sont au terroir de Marseille, & dont le nombre est d'environ neuf mille : si on a égard encore à l'aridité de ce terroir, & à la chaleur du climat, on comprendra facilement que ces dix mille canons d'eau ne serviront qu'à l'embellissement & à la commodité de ces Maisons de campagne : car si on vendoit l'eau nécessaire pour pouvoir arroser le terroir de Marseille, la moitié de celle du Canal suffiroit à peine, & cet article du produit monteroit à une somme excessive.

Deuxiéme article. Arrosement. Le second article de revenu du Canal est fondé sur les arrosemens d'une partie des Campagnes qui seront à portée de profiter de ses eaux ; par la supputation que je viens de faire ; il en reste deux cens quatre-vingt mille canons qui peuvent arroser environ cent vingt mille arpens * de terrain; on peut

* Un Arpent contient 900 toises quarrées en superficie.

fixer à dix livres, prix moyen, le droit d'arroser annuellement chaque arpent : il n'y a personne qui ne voulût acquérir cette faculté à un prix bien au-deſſus de celui que je viens de marquer.

Avant que de paſſer au troiſiéme article de revenu, je dois obſerver que la Compagnie des Intéreſſés, en convenant avec les Acquéreurs des eaux en propriété, & de celles deſtinées aux arroſemens, ne négligera point de prendre de juſtes meſures, pour aſſurer, à perpétuité, l'entretien des ouvrages & le récurage du Canal; dans cette vuë, ces Acquéreurs, du moins une partie, ne pourront ſe libérer en entier, du montant de leur acquiſition. *Obſervation importante.*

Le revenu des Moulins à bled, qui fait partie du troiſiéme article, eſt conſidérable. Il ſe conſomme annuellement dans les Villes d'Aix & de Marſeille, plus de deux cens cinquante mille charges * de farine : comme ces Villes manquent d'eau une partie de l'année, on eſt obligé d'envoyer moudre le bled bien loin, & à grands frais ; Marſeille, par exemple, envoie quelquefois en Languedoc, plus ſouvent à Pertuis, & bien plus ſouvent encore à Saint Chamas ; alors le prix du pain augmente : mais il n'en ſera pas de même, quand le Canal ſera fini; puiſqu'on fixera, pour toujours, le droit de mouture, à un prix raiſonnable ; cette épargne *Troiſiéme article. Moulins & Machines.*

* Une Charge peſe environ 300 liv. poids de Marc.

feule, en faveur des Habitans de ces deux Villes où l'on en compte près de deux cens mille, fuffiroit dans peu de tems pour faire conftruire le Canal.

L'autre partie du revenu, compris dans le troifiéme article, confifte dans le produit des autres Moulins, & des autres Machines que les eaux du Canal mettront en mouvement; le revenu fera peut-être médiocre, au commencement, mais par la fuite il pourra égaler, & même furpaffer celui des moulins à farine; on ne peut déterminer d'avance le nombre de Blancheries, de Tanneries, de Papeteries, de Foulons ou Paroirs, de Martinets, de Scies à eau, de Moulins à foye, à huile, à chanvre, à jonc ou *auffe*, à Nerte, &c. que les eaux du Canal feront aller.

Obferva-
tion.

Remarquons, en paffant, que les mêmes eaux qui donneront le mouvement à toutes ces différentes Machines, peuvent encore être employées aux arrofemens, ou venduës en propriété; ainfi le produit de cet article n'occafionnera aucune diminution fenfible à celui des deux premiers.

Quatriéme
article. Na-
vigation.
Bords du
Canal.

Le revenu de la Navigation en defcendant ne peut être que confidérable; puif. que les Villes d'Aix & de Marfeille, & tous les autres lieux à portée du Canal, ainfi que j'ai obfervé ci-devant, feront pourvues, par ce moyen, des chofes qu'elles n'ont qu'à grands frais, par la difficulté du tranfport; le

bois de chauffage, le bois pour la conftruction des Bâtimens, toutes fortes de Denrées,
en un mot, tous les Fruits & les Marchandifes de la haute Provence & du Dauphiné,
feront rendus commodément & à peu de
frais à Aix & à Marfeille; la Navigation,
en remontant depuis la mer jufqu'à la Durance, où feront établis les Magafins de la
Compagnie des Propriétaires, pour l'entre-
pôt des Marchandifes que Marfeille fournit
à la haute Provence & au Dauphiné, préfente encore un objet de produit affez confidérable.

Celui des bords du Canal qui auront de
chaque côté quatre toifes de largeur, & feront poffédés de même que l'emplacement
de ce Canal, avec Jurifdiction & franchife
de toutes Charges, forme encore un objet
affez grand: ces huit toifes de largeur, fur
68455 cannes *, ou près de 70 mille toifes
de longueur, qui eft celle du cours du Canal, compofent une fuperficie de plus
de 600 arpens; ce terrain, dont la plus
grande partie eft aujourd'huy inculte, fera
mis en valeur.

Comme les profits, dont je viens de don- *Obferva-*
ner une idée fuffifante, ont parûs trop grands *tion fur ce*
à plufieurs perfonnes, & qu'on peut mettre *produit.*
cette objection au rang de celles qui ne font
pas à méprifer, on trouvera dans la troifiéme

---

* Une Canne, mefure d'Aix, contient 6 pieds 1 pouce,
5 lignes 8 points.

partie de cet Ouvrage , les réflexions que j'ai crû devoir faire fur chaque article de produit, & on pourra enfuite comparer cet examen , avec ce qui vient d'être établi.

Addition aux précédens profits

Cependant ce revenu en faveur de la Compagnie des Propriétaires, quelque confidérable qu'il foit, n'eft pas fixé abfolument aux feuls articles fur lefquels je les ai fondés ; il fera dans la fuite augmenté par le profit que cette Compagnie retirera des autres parties de mon projet, qu'elle fera exécuter à fes frais : car, comme je l'ai déja dit, chaque Propriétaire, mon ceffionnaire ou celui de mes ayans caufe, eft autant intéreffé à proportion dans les autres Canaux & dans les autres entreprifes ci-devant mentionnées, & qui feront exécutées par cette Compagnie, comme il l'eft à l'égard du Canal de Provence, ou d'Aix & de Marfeille.

Le Canal de Provence eft différent des autres Canaux.

Ce n'eft pas feulement par les grands profits, dont je viens de donner une idée, que le Canal d'Aix & de Marfeille eft différent des autres Canaux qui paroiffent de la même nature ; tous ceux qui ont été exécutés dans le Royaume (peut-être même la plus grande partie de ceux qu'on y projette) n'ont eû d'autre objet, du moins pour affurer le revenu qu'on en efpéroit, que celui de la navigation , objet toujours incertain, & dont on ne peut fe former d'avance, une idée affez approchante. Il n'en eft pas de même du Canal que la Compagnie des Propriétaires va faire conſtruire ; les avantages qu'il promet, peuvent aujourd'huy être reconnus de tout le monde ; ils ſont en plus grand nombre ; & plus réels que ceux que préſentent ordinairement ces premiers Canaux ; celui dont il s'agit eſt tel, qu'il procurera du profit à meſure que l'ouvrage avancera, & que chaque partie formera elle-même un Canal achevé, dont les eaux qui ſuivront, pour ainſi dire, les Entrepreneurs, ſeront employées en arroſemens, en même tems que les ſuperflues ſe déchargeront dans les divers torrens qui traverſent la route qu'il doit ſuivre : un Canal deſtiné uniquement pour la navigation n'offre point de pareils avantages ; s'il n'eſt achevé, il ruine ſes Auteurs, & quand il eſt fini, il arrive ſouvent qu'il ne les enrichit point ; on ne doit l'entreprendre qu'après s'être aſſuré de tous les fonds dont on a beſoin pour le rendre en ſa perfection ; mais pour rendre tel celui d'Aix & de Marſeille, il ſuffit de s'aſſurer d'avance d'une ſomme ſuffiſante pour en faire conſtruire une partie, pourvû que ce ſoit du côté de ſa naiſſance, & qu'elle ſoit terminée dans un terrain arroſable ; ce qui ſe rencontre pendant toute la longueur du cours de ce Canal, ſi on en excepte les premiéres 3000 toiſes, c'eſt-à-dire, que s'il arrivoit, contre toute apparence, que la Compagnie des Propriétaires, après avoir, par exemple, fait conſtruire les premieres 3250 toiſes du cours du Canal, ce qui lui feroit franchir le torrent * de Jouques, & feroit la plus grande partie de la premiere longueur, ſuivant la diviſion qui en a été faite ci-devant, page 57, ne pût plus fournir de ſes propres fonds, ni convenir avec des Croupiers, pour continuer l'Ouvrage ; la partie qui auroit été faite, feroit elle-même un Canal achevé ; puiſqu'au moyen des diverſes rigoles de dérivation, ſes eaux pourroient fertiliſer une partie des terroirs de Peyrolles, de Meyrargues, de Venelles, du Puy, d'Arnajon, de Saint Eſteve, & de Saint Janſon ; & que le produit de ces arroſemens, dont la Compagnie jouiroit environ une année, après qu'elle auroit commencé de travailler à cette premiére longueur du Canal, ne pourroit être qu'au-deſſus des intérêts de la dépenſe de la conſtruction de cette premiére partie ; laquelle étant donnée en nantiſſement, ſerviroit de ſûreté pour emprunter de quoi faire une ſeconde partie du Canal, afin de pouſſer plus loin les arroſemens, & par conſéquent, le revenu ; & cette ſeconde partie, donnée elle-même à ſon tour pour aſſûrance à des prêteurs, fourniroit un moyen pour avoir de nouveaux fonds, qui feroient employés à conſtruire une troiſiéme

Il feroit un ouvrage fini quand même on le diſcontinueroit

Il peut en tout tems, être donné comme une caution ſolvable.

* Voyez la grande & la petite Carte du cours du Canal, & ſur laquelle ce torrent eſt appellé *Vallat de Jouques.*

longueur,

longueur, & ainſi à l'égard du reſte du cours du Canal, juſques aux approches du terroir d'Aix, attendu que dès que cet ouvrage ſeroit fini juſqu'en ce dernier endroit, il ne ſeroit beſoin d'autre ſecours pour le continuer juſqu'à Marſeille, que d'employer pour cela ſon produit annuel; le Canal une fois porté au terroir d'Aix, ou avant même, peut fertiliſer plus de cent mille arpens de terrain, ce qui ne fait que la moindre partie de celui qui ſeroit inférieur au cours de ſes eaux, c'eſt-à-dire, qu'alors ce ſeul article de produit annuel monteroit à une ſomme très-conſidérable ; ce qui n'a pas beſoin de preuve, quand on connoît la ſituation des lieux & la nature du terrain. Ainſi, ceux-là ont eu tort qui ſe ſont ſi fort récriés ſur ce que dans le Mémoire * que la Compagnie des Propriétaires a fait imprimer, & qui a été l'objet de tant de critiques, on a regardé le Canal en lui-même, comme une bonne caution ; je n'en connois point de meilleure : dès qu'une partie du Canal ſera faite, on n'a de ſa part à craindre, ni manque de bonne-foi, ni fâcheux évenemens ; ſes eaux employées aux arroſemens, donneront toujours un revenu qui ſera fort au-deſſus des intérêts de la dépenſe qu'on aura faite, & ceux qui prêteront leur argent ſur

Mémoire du 16 Avril 1749.

Je ne connois point de meilleure caution que le Canal.

* Cet ouvrage qui eſt celui de huit des Intéreſſés au Canal, eſt daté du 16 Avril 1749, & intitulé *Projet de ſouſcription, propoſé par la Compagnie des Actionnaires, Propriétaires du Privilége du Roy, pour la dérivation des eaux de la Durance.*

E

une telle hypothéque, ne courront d'autres rifques, que d'en voir augmenter tous les jours la folidité. Il ne faut pas craindre que ceux qui auront commencé d'arrofer, ne veuillent plus continuer; il arrivera au contraire que ceux qui n'auront pas d'abord acheté de l'eau, en demanderont avec empreffement; on peut fe paffer de faire de longs raifonnemens, pour prouver qu'en portant beaucoup d'eau pour l'ufage d'un vafte Pays, qui en a un extrême befoin, c'eft non-feulement lui procurer tous les biens à la fois, mais que c'eft encore être affuré de faire de grands profits; puifque s'il eft certain, ainfi que je le ferai voir dans la troifiéme partie, que le Canal de Provence recevra en tout tems tant d'eau qu'on voudra, il ne l'eft pas moins, ayant égard à la nature & aux befoins du terroir de cette Province, que quelle que foit cette quantité d'eau, elle fera toute confommée & vendue, puifqu'elle ne fauroit jamais fuffire à une partie des arrofemens des immenfes & féches Campagnes, qui feront à portée d'en profiter. Enfin, ce Canal offre, comme tous les autres Canaux un revenu confidérable par la navigation; mais ce que ceux-ci n'offrent point, eft le produit des arrofemens, des Moulins & des Machines; produit non-feulement plus confidérable, mais plus affuré que celui de la navigation. Un Canal qui n'a pour objet que ce dernier

Son eau fera toute vendue.

Obfervation effentielle.

revenu n'enrichit ordinairement que les Defcendans de fes Auteurs, au lieu que le Canal d'Aix & de Marfeille, indemnifera ceux qui le feront conftruire, une année après qu'il aura été commencé, & leur procurera de grands profits deux années après, c'eft-à-dire, quand il fera conduit jufqu'à Aix, & encore de plus grands, dès qu'il fera pouffé jufqu'à Marfeille.

Ces réfléxions & celles que la Compagnie des Propriétaires a faites d'ailleurs fur la nature de cette entreprife, lui ont prouvé folidement, que, quoique la dépenfe totale pour la conftruction du Canal, foit fixée à 6 millions de livres, il lui fuffira néanmoins d'être affurée d'avoir une partie de cette fomme, pour être en état de le finir tout de fuite; c'eft pourquoi elle propofa dans fon Mémoire imprimé, à la date du 16 Avril 1749, un projet de foufcription pour la diftribution d'une partie de fon intérêt, & cette partie, fi elle avoit été vendue au prix modique qu'elle avoit réglé, auroit produit près de deux millions de livres, fomme plus que fuffifante pour la mettre en état, fans autre fecours que celui du Canal même, de pouffer fans difcontinuation cet Ouvrage jufqu'à Marfeille.

Quoique la dépenfe du Canal foit de fix millions, on n'a befoin que d'une partie de cette fomme pour le conftruire.

Projet de foufcription du 16 Avril 1749.

Le principal objet qu'elle fe propofoit en établiffant des Bureaux pour cette diftribution, & en faifant au Public, des conditions très-avantageufes, étoit de fournir aux habitans de

Principal objet de ce projet de foufcriptiõ.

Provence un moyen pour devenir Propriétaires d'une partie du revenu du Canal, & pour procurer à perpétuité un avantage de plus à cette Province ; mais comme quelques personnes, ainsi que je l'ai observé, ont leurs raisons pour ne pas souhaiter l'exécution de cette entreprise, & que les objections qu'elles ont faites, & qu'elles font tous les jours, pourroient avoir fait impression sur bien des gens, quoiqu'elles soient dénuées, pour la plupart, de vraisemblance, cette Compagnie, après une mûre Délibération, voulant ne rien mettre au hazard, & être assurée de faire exécuter son entreprise, à délibéré de ne point établir de tels Bureaux, de faire elle-même les frais de la construction du Canal, & de se passer pour cela de tout autre secours, en cas que je ne trouve point assez avantageuses les conditions qui pourront m'être faites par des Croupiers ou Fournisseurs. Comme ce que la Compagnie pense à ce sujet est suffisamment expliqué dans ses Délibérations du 7 Août 1749, j'ai crû que ce ne seroit pas grossir inutilement cet Ouvrage, que de joindre ces Délibérations à cette seconde partie ; j'observerai seulement en passant, que ce qui a fait prendre à la Compagnie des Propriétaires actuels le parti d'écouter les propositions que des Fournisseurs pourroient faire, est que si elle seule fournit les fonds, le Canal sera construit avec plus de lenteur, parce qu'elle ne

pourra jamais avancer une auſſi grande ſomme, que celle que fourniroient les Croupiers
avec leſquels on pourroit traiter, au lieu
qu'en convenant avec ceux-ci, l'ouvrage
ſeroit mené rapidement, & ſans interruption.
C'eſt beaucoup gagner que de ſe procurer
au plutôt les grands profits qu'on a lieu d'attendre du Canal.

Afin que ceux qui voudront s'intéreſſer
dans ce projet, puiſſent y prendre confian-
ce, & connoître en tout tems ce qui a
été fait, pour le mettre au point d'évidence
où il eſt, & ce qui a été propoſé de faire encore, la Compagnie actuelle des Propriétaires a établi, en attendant, dans la Ville
d'Aix, un Bureau de Direction, dont les ſix
Propriétaires qui auront acquis & conſervé
le plus d'intérêt, feront de droit, conjoin-
tement avec moi les Chefs & Syndics
perpétuels, juſqu'à ce que d'autres Aſſociés
aient un plus fort intérêt qu'eux. Elle a élû
ſeize Syndics, leſquels étant aſſemblés au
nombre de ſept, au moins, auront pouvoir
de délibérer valablement ſur tout ce qui
concernera le projet; une partie de ces 16
Syndics doit être changée chaque année;
tout Propriétaire qui ſera porteur de trente
actions, & au-deſſus, ſera admis & aura
voix délibérative dans les Aſſemblées générales des Intéreſſés.

*Autres me-
ſures priſes
pour l'avā-
cement du
projet.*

*Bureau de
Direction.*

*7 Syndics
perpétuels.*

16 Syndics

*Intérêt qu'il
faut avoir
pour être
admis aux
Aſſemblées.*

La même Compagnie a, ſur la propoſi-
tion que je lui en ai faite, choiſi, parmi les

*Directeurs
des ouvra-
ges.*

Ingénieurs & les Architectes qui ont intérêt dans mon projet, un Ingénieur & un Architecte intelligens, & elle a délibéré de me les donner pour adjoints dans la conduite & la direction des ouvrages, pendant le tems qui sera employé à la construction du canal, & elle a déterminé aussi que de ces deux Directeurs, l'un suffiroit ensuite, quand il ne sera plus question que de l'entretien des Ouvrages. Elle a fait choix encore de deux *Agens.* Agens, qu'elle a nommés en même tems Directeurs de son Bureau ; elle a deliberé, & cela a été exécuté en conséquence, que *Originaux* je déposerois jusqu'à mon retour en Proven-*des titres &* ce en l'Hôtel de M. le Marquis de Vence, *documens* l'un des Principaux intéressés & Syndics per-*du projet.* pétuels, le Registre original des délibérations de ses assemblées, contenant d'ailleurs les principales conditions des accords que j'ai passés avec ceux que j'ai intéressés dans mon projet ; deux autres Registres dont l'un contient au long entr'autres choses lesdits accords, l'original de la cession que M. le Baron d'Oppede a faite en ma faveur, & en celle de mes ayans cause le 11 Juin 1746. du droit qu'il avoit par privilége du Roi de dériver les eaux de la Durance, deux originaux des offres & obligations de la Compagnie des Entrepreneurs qui sont chargés de la construction & de l'entretien du canal, & enfin tous les titres & documens du projet, même un état montant à 12 cens 9 mille 784 liv.

des ventes d'une partie des eaux de ce Canal faites par foufcription, & fous la condition expreffe que les Acquereurs ou Soufcripteurs n'en payeront la valeur qu'après que ces eaux auront été conduites aux endroits indiqués par les Soufcriptions.

Afin que les Propriétaires actuels & ceux à venir puiffent en tout tems prendre communication de toutes ces différentes piéces, outre une copie en forme que j'ai toujours avec moi fignée de MM. les Syndics, on en trouve une femblable au Bureau de la Compagnie établi en attendant à Aix, & une autre chez fon Tréforier.

Cette Compagnie a auffi pris les mefures convenables, afin que l'exécution de mon projet ne fût point retardée, s'il arrivoit que je décédaffe avant qu'on fît travailler fur le terrain.

Elle délibérera, quand il en fera tems, fur tout ce qui devra être obfervé pour la régie & l'exploitation de tous les droits & revenus du Canal & de fes dépendances, & pour conferver le droit de chaque Propriétaire, foit pendant le tems qui fera employé à la conftruction des ouvrages, foit après.

Elle s'eft réglée avec moi * dans une

* Voici ce qu'elle dit à ce fujet dans fon Mémoire du 16 Avril 1749. & dans fes Regiftres de délibérations.
  * « La Compagnie s'eft pareillement réglée avec le
  » fieur Floquet, Directeur général, & contente des opé-
  » rations qu'il a faites, & des foins qu'il s'eft donné pour

E iv

Assemblée générale, tenue dans le mois d'Avril 1749, & comme les conventions que j'avois passées avec ceux que j'avois avant associés à mes droits & priviléges, contenoient entre autres conditions, que moyennant le prix dont j'étois convenu avec eux, & qui, (soit qu'il dût être payé indépendamment de la réussite du Canal, ou seulement quand on travailleroit à son exécution) m'appartenoit, comme faisant la valeur fixée à l'intérêt que je cédois, j'étois obligé de fournir seul à mes frais & risques, aux dépenses préliminaires de mon entreprise. Cette Assemblée, après avoir reconnu que j'avois exactement rempli mes obligations à cet égard, que ces dépenses, attendu, entr'autres raisons, le retardement que les Guerres ont occasionné au projet, ne pouvoient être que fort au-dessus de ce que l'on avoit cru d'abord, & que le montant du prix ou produit des associations ou cessions d'intérêt dans mon projet, que j'avois faites jusqu'alors, étoit bien moin-

» conduire cette entreprise au point où elle est , elle a
» jugé convenable, après avoir éxaminé le produit des
» Ventes d'intérêt dans son projet,& les dépenses consi-
» dérables qu'il a été obligé de faire,ayant égard sur-tout
» à la nature de ses accords avec ses Associés, de com-
» penser ces dépenses avec le produit desdites Ventes
» d'intérêt; en conséquence, il a été délibéré, qu'à
» compter du premier de Janvier 1749, il ne seroit plus
» tenu de fournir aux frais préliminaires du projet,
» &c ».

dre qu'on ne l'avoit crû ; elle délibéra unanimement, qu'à compter du premier Janvier d'auparavant ces dépenses, qui devoient précéder le jour auquel on commencera de faire travailler sur le terrain, regarderoient la Compagnie des Propriétaires, c'est-à-dire, que je n'y entrerois, comme tout autre Associé, que proportionnément à l'intérêt que j'ai encore en mon projet, & qui consiste en celui que je n'ai point cédé.

Elle a délibéré de fournir aux dépenses préliminaires, à compter du 1 Janvier 1749.

Nonobstant ce qui vient d'être dit, au sujet de ces frais préliminaires, cette Compagnie a crû avantageux pour elle, de convenir avec six ou sept personnes qui ont intérêt au projet, & qui se sont engagés de fournir, à leurs risques, aux dépenses qu'elle a été obligée de faire pendant le cours de l'année 1749. On voit dans les Registres des Délibérations de ses Assemblées, les conditions des accords qui ont été passées à cette occasion ; à quelle somme on a fixé ces dépenses, & que deux de ces propriétaires & moi en avons payé plus des deux tiers.

Par qui celles de 1749 ont été faites.

C'est encore un de ces deux Associés & moi, qui avons seuls fourni toutes les sommes qui ont été déboursées à l'occasion du Canal, depuis le premier Janvier 1750. Son zéle & le mien, pour cette entreprise, ne nous a pas permis d'attendre le tems dont la Compagnie auroit eu besoin pour pour-

idem, celles de 1750.

voir aux moyens de fubvenir à ces frais.

Le droit que j'ai d'oublier ce que je fais, au-deſſus de mes obligations, en faveur de cette Compagnie, ne pouvant s'étendre juſqu'à ceux des autres Intéreſſés, qui fourniſſent auſſi au-delà de leur contingent, j'ai dû, enconſidération de ce que ce Propriétaire eſt ſeul entré dans les dépenſes que j'ai faites (en 1750.) lui promettre des avantages que n'auront point les autres Aſſociés, & qui cependant ne diminueront en aucune façon, ceux que la Compagnie du Canal de Provence a toujours compté de retirer par l'exécution de cette entrepriſe, puiſque les avantages, promis à cet Intéreſſé, ſont fondés ſur toute autre partie de mon projet, & qu'ils conſiſtent en la ceſſion que j'ai faite en ſa faveur, du droit, quel qu'il fût, que je pouvois encore avoir ſur le Canal projetté pour Cadenet, en qualité d'Auteur de cette petite entrepriſe.

Convention du 4 Août 1749. Afin que cette Compagnie eut un moyen de plus, pour ſubvenir à toutes ces dépenſes préliminaires, elle chargea ſes Agens de dreſſer une convention, portant ceſſion d'intérêt dans mon projet, & de la faire imprimer, à la date du 4 Août 1749.

Objet de cette convention L'objet de cette convention étoit de faire diſtribuer, par ſes Agens & par moi, une partie du grand nombre de portions d'intérêt que j'ai encore dans mon projet, ſous les conditions, entr'autres, que l'Ac-

quéreur courroit pour le prix de fon acquifition, l'évenement de la réuffite du Canal,
& que ce prix feroit employé à payer ces
dépenfes préliminaires, ainfi que de mon
confentement exprès, elle l'a délibéré, &
que s'il arrivoit, ce qui n'eft point à craindre,
c'eft-à-dire, que mon entreprife n'eût pas
lieu, les fommes que je lui aurois fournies
par ce moyen feroient perdues pour moi.

Pour faciliter cette diftribution de portions d'intérêt, cette Compagnie avoit délibéré, que pendant un tems, qu'elle fixa, nul
autre, que fes Agens & moi, ne pourroit céder valablement un intérêt au Canal, & que
celui qui faifoit l'objet de cette convention,
feroit le feul diftribué. Elle avoit reglé, en
confidération des précédentes conditions,
le prix de chaque Action, ou portion d'intérêt, fort au-deffous de fa valeur, & délibéré,
qu'à mefure que les obftacles, qui pouvoient
retarder l'exécution de cette entreprife
feroient levés, je ferois une augmentation à ce prix; mais comme ce qui étoit
convenable alors, ne l'eft plus aujourd'huy;
que ce Canal eft à la veille d'être commencé; qu'il eft d'ailleurs très-jufte que
chaque Affocié ait le droit de difpofer de
la participation qu'il y a, & qu'il ne l'eft
pas moins que je ne fois pas le feul qui
laiffe cette difpofition à d'autres; jai crû intéreffant pour mon projet, & pour la Compagnie des Propriétaires, de faire ufage du droit

Délibéra-
tion à ce fu-
jet.

Change-
ment à ces
délibéra -
tions.

qu'elle m'a donné, * de changer la forme de ses arrangemens, si suivant les circonstances, je le crois avantageux. C'est donc en vertu de ce pouvoir, de tous ceux que cette Compagnie m'a d'ailleurs transmis, & plus encore en vertu de ceux que je me suis réservés en la formant, ** & de ceux que j'ai, de droit, comme Auteur du Canal, que je déclare ici, qu'à compter du premier Mai 1750, je ne ferai plus, de même que les Agens de cette Compagnie, aucune association dans mon projet, en conformité des conventions du mois de Juin 1743 *** & du 4 Août 1749; que chaque Intéressé pourra, à son choix, disposer valablement de l'intérêt qu'il y a acquis, s'il en a payé la valeur à son cédant, ce qu'il sera obligé de justifier, & que l'on trouvera, chez ceux qui seront préposés à cet effet, & chez moi, les cessions, selon la nouvelle formule, qui doivent être substituées à celles qui sont entre les mains des intéressés actuels.

Tous ces détails m'ont paru nécessaires, pour l'instruction de ces Intéressés actuels,

---

* Assemblée du 4 Août 1749.

** Assemblée générale du 24 Mars 1743.

*** Cette convention, qui a été reçue & approuvée par tous les Intéressés en général, & par chacun d'eux en particulier, est celle que l'on acceptoit, pour s'associer à mon projet, avant que celle du 4 Août lui eut été substituée.

pour celle de leurs ayans caufe; & afin
qu'après avoir fait connoître la nature du
Canal que je propofe, & celle des avantages
qu'il procurera, on puiffe voir par les mefures qui ont été prifes, pour parvenir à le faire
conftruire, que les abfurdités qui ont été ha-
fardées contre les arrangemens de la Compagnie des Propriétaires, & contre quelques-uns des membres qui la compofent,
n'ont d'autre fondement que l'ignorance
& la malice de leurs Auteurs. Auffi en
continuant de méprifer les objections qui
n'ont aucune folidité, je ne ferai mention dans la troifiéme partie, que de celles
qui ont pour objet, l'exécution de l'entreprife, & les profits que cette Compagnie
en retirera.

7 Aoust 1749.*

*A*SSEMBLE'E *de MM. les Syndics &*
Intéreffés au Canal de Provence, convo-
quée par les Sieurs Agens de la Compagnie des
Actionnaires, Propriétaires & Directeurs de fon
Bureau, tenue à Aix, chez M. Floquet, Directeur
Général, le 7 Août 1749, jour fixé par ce der-
nier, à laquelle ont affifté M. Floquet, M. le
Marquis de Vence, M. le Marquis de Bruée,
M. le Baron d'Oppede, M. le Marquis de Ro-
gnes, tant pour fon intérêt que pour celui de M-
le Marquis d'Albert, M. de Julhans, M. le

* Voyez ci-devant pag. 68.

Chevalier de Cauſſade, M. de Champorein, M. d'Aleman ancien Ingénieur de Sa Majeſté, M. de Savornin de S. Jean, M. de la Durane, M. de S. Julien Ingénieur ordinaire du Roi, M. d'Eguiſier Tréſorier général de France, M. Regibaud Avocat & Greffier du Parlement & de la Nobleſſe, M. Blaint Avocat, M. Bouche de Marſeille Avocat, M. Veyrier Procureur au Parlement, M. Vallier Bourgeois, M. de la Bruyere, M. Fauvel Architecte de Paris, M. Brun Architecte de Marſeille, M. David, M. Pontier, M. Roland Secrétaire des Aſſemblées, tous Intéreſſés & Actionnaires propriétaires du Canal de Provence.

Dans cette Aſſemblée, le ſieur Floquet a dit, que ſon objet, en la demandant, a été d'informer MM. les Délibérans, qu'en conformité des déciſions des précédentes Aſſemblées, il a pris les meſures convenables pour ſe rendre au plutôt à Paris, afin de remplir, autant que cela dépendra de lui, l'objet que la Compagnie s'eſt propoſée en l'y députant, & en lui donnant à ce ſujet tous les pouvoirs néceſſaires pour travailler efficacement à la réuſſite de ſon entrepriſe, qu'il eſt tems de faire exécuter.

Que celui des ſieurs Agens qui lui fut donné pour Adjoint à cette députation dans les deux dernieres Aſſemblées, eſt auſſi prêt à partir avec lui.

Qu'il croit néceſſaire de réduire en un ſeul article tous les pouvoirs que lui donnent les précédentes délibérations de MM. les Intéreſſés, &

que la copie de celles de ce jour, lui soit expédiée
& au sieur Agent, dans un cahier séparé signé
par MM. les Syndics de la Compagnie & autres
délibérans dans l'Assemblée de ce jour, afin qu'il
puisse plus commodément faire voir que c'est
au nom & pour cette Compagnie qu'il agit,
& qu'elle l'autorise dans tout ce qu'il fera à
l'occasion & dans la vue de faire réussir son
entreprise.

Sur laquelle proposition, l'Assemblée a unanimement délibéré de confirmer, ainsi qu'elle confirme, tous les pouvoirs que les précédentes Assemblées ont donné audit sieur Directeur général,
en le députant à Paris & ailleurs pour l'avan-
cement de son Projet, & en lui donnant pour
l'Adjoint qu'il avoit demandé à l'occasion de ce
voyage l'un des sieurs Agens de la Compagnie,
en faveur duquel, comme en faveur de tout autre, il pourra transporter ses pouvoirs, ou partie,
suivant qu'il le croira avantageux à son entreprise.

L'Assemblée déclarant que les principaux objets de la députation du sieur Floquet consistent :

1°. Au plein pouvoir qu'elle lui donne pour
convenir, ainsi qu'il le jugera à propos, avec
une ou plusieurs Compagnies de Fournisseurs ou
Croupiers, pour procurer par ce moyen, à celle
des Actionnaires Propriétaires les fonds ou partie dont elle peut avoir besoin pour faire, le
plutôt qu'il se pourra, travailler à l'exécution
de son Projet ; & comme l'Assemblée ne peut
prévoir d'avance, la nature des propositions

que des Fournisseurs ou Croupiers pourront faire au sieur Floquet à cette occasion, elle approuve dès maintenant tout ce qu'il fera dans cette vue ; lui permettant de céder à perpétuité, ou pour un tems déterminé à son choix, en faveur de ces Fournisseurs, la portion dont il conviendra avec eux de la propriété & des revenus des différens Canaux que renferme son projet; pouvant, suivant la nature de ses accords avec lesdits Croupiers, hypothéquer, pour leur assurance, tous lesdits Canaux, & leur produit, ou partie, & enfin, faire tout ce qu'il croira nécessaire, suivant les circonstances ; MM. les Délibérans s'en rapportant, pour tout cela, à son zéle pour l'entreprise, à ses lumiéres, & à tout ce qui a été décidé à ce sujet dans les précédentes Assemblées de la Compagnie, sur-tout dans celle du 16 Avril de la présente année; Article dernier.

2°. Au droit que l'Assemblée du 15 Septembre 1747, Article 22, lui donne, & que celle de ce jour confirme, d'assurer & promettre au nom de la Compagnie, un profit & bénéfice à ceux qui contribueront à lui procurer les Fournisseurs ou Croupiers dont il est fait mention dans les précédens Articles, s'en rapportant à ce qu'il est dit en l'endroit cité, sur la maniére de payer ledit bénéfice ou gratification.

3°. Et arrivant qu'il ne puisse assez tôt convenir, pour quelque raison que ce soit, avec des Fournisseurs, & qu'il juge avantageux à son projet, de ne point temporiser à cette occasion.

L'Assemblée

L'*Assemblée* l'autorise à agir comme ſi la Compagnie n'avoit beſoin d'aucun ſecours étranger; puiſqu'elle a délibéré dans la précédente Aſſemblée, qu'elle fourniroit de ſes propres fonds, à la conſtruction des ouvrages, ſi des Croupiers vouloient éxiger des conditions trop onéreuſes aux intéreſſés.

4°. Les pouvoirs que l'*Aſſemblée* donne audit ſieur Floquet, pour ſolliciter à la Cour l'Arrêt du Conſeil d'Etat de Sa Majeſté, qu'il a toujours été projetté de demander, ne ſont pas moins étendus que ceux qu'elle lui donne pour le contenu aux trois précédens Articles; déclarant qu'elle lui laiſſe la liberté entiére de faire telles demandes qu'il voudra; de les comprendre toutes dans une ſeule Requête, ou de les diviſer; de préſenter ces Requêtes en ſon nom, en celui de la Compagnie, en celui de MM. les Syndics, ou autrement; le tout, ſuivant qu'il le jugera plus convenable, ſoit qu'il croye devoir perſiſter à demander la permiſſion d'ouvrir des Bureaux pour la diſtribution des trois mille deux cent Actions énoncées dans le projet de ſouſcription, imprimé le 16 Avril, ou qu'il ne faſſe aucune mention de cette demande; l'Aſſemblée approuvant & ratifiant d'avance, tout ce qu'il fera à ce ſujet; la Compagnie ſe flattant d'autant plus d'obtenir de la Cour les graces dont elle a beſoin, qu'elles peuvent être regardées comme une ſuite néceſſaire du Privilége qui lui a été cédé; que pour faire uſage de ce Privilége, elle ne demande aucun argent au

*Roy, ni à la Province, & que si la Cour n'approuve point les moyens qu'elle a proposés, ou que le sieur Floquet pourroit proposer encore pour avoir les fonds nécessaires, elle est déterminée, ainsi qu'il a été dit, à faire elle-même les frais de la construction du Canal de Provence; d'effectuer dans cette vue, ce qu'elle a delibéré dans la précédente Assemblée, Article VIII. & tout ce qu'elle pourra d'ailleurs délibérer dans celles à venir, afin d'être assurée de faire exécuter son entreprise, quand elle n'auroit d'autre ressource que dans ses propres fonds, étant toujours plus convaincue de la possibilité de cette exécution, des solides avantages que Sa Majesté & la Province en retireront sans dépense, & des grands profits qui en reviendront aux Actionnaires Propriétaires; objets trop intéressans pour ne pas porter la Compagnie à prendre au plutôt les moyens les plus efficaces pour faire travailler sur le terrain; & comme pour arriver à ce but, le sieur Floquet a toujours donné des preuves, non équivoques de sa bonne volonté & de son désintéressement, & que c'est principalement à ses soins & à ses dépenses à cette occasion, que la Compagnie doit l'avantage de voir son projet au point d'évidence & de certitude où il est: l'Assemblée de ce jour & les précédentes ont délibéré de le charger du soin d'achever son Ouvrage, & de lui donner pour Adjoint, sous les conditions * énoncées*

* Voici une de ces conditions (Assemblée du 4 Août 1749) " Comme ledit sieur Agent connoît le projet &

dans les précédentes Délibérations, l'un de ses Agens, & d'ailleurs les pouvoirs les plus étendus, afin que ledit sieur Directeur général, puisse agir selon les circonstances, & ainsi qu'il auroit pû faire, si au lieu d'avoir, comme il a, plus de cinquante Associés dans son projet, il n'en avoit aucun.

L'Assemblée délibère enfin, qu'il sera fait deux Copies de la présente délibération; qu'elles seront signées & remises conformément au contenu en la troisiéme partie de la proposition du sieur Floquet.

Signés aux Originaux, FLOQUET, VILLENEUVE DE VENCE, BRUÉE, OPPÉDE, ROGNES, tant en mon nom, qu'en qualité de Procureur de M. le Marquis D'ALBERT, JULHANS, VARIGNON, VITALIS, le Chevalier DE CAUSSADE, CHAMPORCIN, D'ALLEMAN, SAVORNIN DE SAINT JEAN, DARAN, CALZABIGY, LA DURANE, SAINT JULIEN, D'EGUISIER, RÉGIBAUD, BLAINT, BOUCHE, VEYRIER, VALLIER, DE LA BRUYERE, MM. FAUVEL, BRUN, DAVID, PONTIER, BELLET, ROLAND.

„ les arrangemens de la Compagnie, l'Assemblée l'ex-
„ horte à se donner tous les soins possibles, pour rendre
„ efficaces ceux dudit sieur Directeur général; puis-
„ que c'est dans cette vue que la Compagnie l'a député
„ & donné pour Adjoint audit sieur Floquet, sans néan-
„ moins, que ce dernier soit obligé de suivre l'avis du-
„ dit sieur Agent, quand il ne le jugera pas à propos.

TROISIÉME PARTIE.

Réponse aux principales difficultés qui ont été proposées contre le Canal de Provence, ou d'Aix & de Marseille.

Fondement des objectiõs proposées contre le Canal de Provence.

COmme la plûpart des objections que l'on fait contre les grandes entreprises, telles que celles du Canal dont il s'agit, n'ont souvent d'autre base que l'ignorance, l'envie ou l'intérêt particulier; & que sur de tels fondemens, on peut élever un trop grand nombre de difficultés, je ne parlerai ici que de celles qui méritent ce nom, &

Elles sont de deux sortes.

que je range sous deux classes: dans l'une, sont les objections qui attaquent la possibilité de la construction du Canal; & dans l'autre, sont celles qui contestent les avantages qui doivent résulter de son exécution.

Objections de la première Classe.

Objections contre l'exécution du Canal, fondées sur l'inégalité du terrain.

Les principales difficultés qui ont été proposées contre la facilité de la construction du Canal de Provence, ont toujours été fondées sur l'inégalité du terrain de la route qu'on peut lui faire suivre. On a vû dans la premiere partie, (page 24,) que ce qui fit échoüer ce projet en l'année 1724, fut la Montagne du Jas blanc, que l'on croyoit devoir se rencontrer sur le cours des eaux, tandis qu'il est impossible que cela soit, & que quand même elle s'y rencontreroit, elle ne seroit point un obstacle à l'exécution de cette entreprise.

Après qu'une partie de ceux qui aiment à faire des objections, ont été convaincus que celle qu'ils font à l'occasion de la Montagne du Jas blanc étoit idéale, quoiqu'elle eut produit dans son tems un très-mauvais effet, ils ont eu recours aux autres Montagnes, qui se rencontrent véritablement sur le chemin du Canal, & ont formé les objections suivantes. *Trois objections fondées sur cette inégalité.*

Que ces Montagnes font séparées, ou coupées par des vallons & des torrens, qui interrompront le cours des eaux. *Premiere objection.*

Que les eaux de la pluye qui tomberont sur leurs penchans, engorgeront le Canal. *Seconde objection.*

Et qu'enfin, on sera obligé d'en pénétrer quelques unes. *Troisiéme objection.*

Je répons à la premiere difficulté, que des Aqueducs solidement construits serviront à faire franchir au Canal, non-seulement les Valons & les torrens dont on parle, mais les moindres ravins, & que le nombre de ces Aqueducs, & la dépense à faire pour leur construction, font compris dans le dévis estimatif, & dans les offres des Entrepreneurs. *Réponse à la premiere.*

*Idem à la
seconde.*

Je répons à la seconde, que des contre-Canaux, placés dans les endroits convenables, profonds & larges, suffisamment & tels que le prescrit le même devis, recevront en tout tems les eaux de la pluye, & les conduiront, par le moyen des Aqueducs nécessaires, au travers du Canal, en passant, suivant le niveau, au-dessus ou au-dessous; les mêmes fossés de vuidanges qui recevront les eaux des contre-Canaux recevront aussi celles qui par quelqu'accident, qu'on ne peut prévoir, pourroient être de trop dans le Canal, aux bords duquel on pratiquera à cette occasion, un grand nombre d'Epanchoirs ou *Versadoux.*

*Réponse
à la troisié-
me.*

Quant à la troisiéme difficulté, je répons que les Montagnes, ou pour ne point éxagérer, que les hauteurs que l'on prendra le parti de pénétrer, ne sont point un obstacle contre l'exécution de cette entreprise; pour en être convaincu, on n'a qu'à observer que si on en excepte une, qui n'est pas bien grande, & qui est située proche le terroir de Marseille, on peut les éviter en les contournant & en suivant une route qui a été examinée, évaluée, par rapport au Canal, & trouvée très-pratiquable. Si un grand nombre de personnes intelligentes ont préféré de pénétrer ces hauteurs à les contourner, ce n'a pas été au hazard qu'on l'a jugé ainsi; on a dû prendre ce parti, pour l'épargne & pour la solidité de l'ouvrage, &

parce qu’il s’agit principalement de porter de l’eau à Aix & à Marſeille, par le chemin le plus court & le moins coûteux. On voit par le devis déja cité, & auquel les Entrepreneurs qui ſont chargés de la conſtruction du Canal ſe rapportent, quels ſont les ouvrages qu’il faut faire pour l’établir ſolidement à travers ces hauteurs; on y voit auſſi les ouvrages qu’il faudra faire pour en ſortir les déblais, au moyen des grandes vües ou puits rempans ou obliques que l’on pratiquera, comme on le pratique à l’égard des Plâtriéres, aux endroits où la ſurface du terrain ſera trop élevée audeſſus du niveau de l’eau, pour y faire des Puits à Plomb.

Le Canal ou Aqueduc que Sextus Marius fit conſtruire pour porter les eaux du terroir de Jouques à Aix, & dont j’ai parlé en la page 25, offroit des difficultés bien plus grandes pour ſon éxécution, ainſi qu’il eſt aiſé d’en juger par les parties de cet ancien monument qui exiſtent encore aujourd’huy, & que l’on voit dans les différens endroits que j’ai cités ci-devant en la premiére partie. Les reſtes de cet Aqueduc, dont quelquesuns ſont en aſſez bon état, & ont pluſieurs centaines de toiſes de longueur, prouvent que dès que les Romains n’ont pas pris le parti de contourner les hauteurs qui ſéparent la Durance de la Ville d’Aix, ils n’ont pû conduire ces eaux depuis Meyrargues

Aqueduc de Marius.

jufqu'en cette Ville, qu'en pénétrant les hautes & épaiffes Montagnes qui font entre deux, c'eft-à-dire, en établiffant, à travers ces grandes hauteurs, un Canal couvert ou fous-terrain, d'environ 6000 toifes de longueur, & ce qui doit paroître, & eft en effet le plus difficile, de quelques pieds de largeur feulement, fur une hauteur proportionnée à la mcdicité de cette largeur.

Le cours du Canal de Languedoc avoit auffi fes inégalités.

La route que l'on a fait prendre au Canal Royal, avoit auffi fes inégalités : M. de Bafville, dans les Mémoires que j'ai déja cités, dit en la page 322 & fuivantes, en parlant de ce Canal : *Il y eut trois grandes difficultés à vaincre dans l'exécution du Canal; la premiére, l'inégalité du terrain ; la feconde, les Montagnes qui fe rencontrent dans la route ; & la troifiéme, les Riviéres & les Torrens, qui venant à traverfer ce Canal, en auroient interrompu le cours. On remédia à l'inégalité du terrain par les Eclufes qui foûtiennent l'eau dans les defcentes . . . . . . quant aux Montagnes, on les a entre-ouvertes ou percées . . . . . . on a pourvû à l'incommodité des Riviéres & des Torrens, par le moyen des Ponts & des Aqueducs, fur lefquels on a fait paffer le Canal, & les Riviéres ou Torrens paffent par deffous.*

Obfervation à ce fujet.

Ces inégalités, du cours du Canal de Languedoc, étoient d'autant plus un obftacle à fon exécution, qu'il n'étoit uni-

quement deftiné que pour la navigation ;
& qu'il falloit le conftruire fans donner aucune pente à fon lit, & abforber celle du
terrain, par un nombre fuffifant d'Eclufes;
mais il n'en eft pas de même du Canal de
Provence, dont le principal article de produit devant être celui des arrofemens; on
doit diftribuer à fon lit une pente fuffifante,
pour donner au courant de fes eaux toute
la viteffe qu'il doit avoir pour en fournir
la quantité qui fera néceffaire; il l'étoit,
fans doute, auffi en Languedoc de pouvoir ajouter à l'avantage de la navigation,
celui des arrofemens ; mais, loin d'avoir
toute l'eau dont on auroit eu befoin pour
remplir ces deux objets, on n'en avoit pas
fuffifamment pour le premier ; on doit croire même, que quoique ce Canal foit fort
large & affez profond, on auroit ajouté à ces
deux dimenfions, & évité tous les inconvéniens dans lefquels on eft tombé, fi on
avoit eu toute l'eau néceffaire; c'eft-à-dire,
que cet Ouvrage, l'un des plus grands &
des plus magnifiques qui aient jamais été
exécutés, auroit été plus grand & plus utile
encore s'il avoit pû en tout tems être nourri
par une eau très-abondante.

Si ce que je viens d'obferver en général,
pour répondre aux trois précédentes objections, contre le Canal de Provence, peut
fatisfaire ceux qui les ont formées, que leur
reftera-t-il, que d'ajouter, peut-être, qu'au

Réponfe commune aux trois précédentes objections, contre le Canal de Provence.

moyen des différens ouvrages qu'il faudra faire pour obvier à tous ces inconvéniens, & qu'on n'auroit point fait si la Provence n'étoit point coupée par des Montagnes, la dépense pour la construction du Canal sera par là si fort augmentée, que cette seule considération deviendra une véritable difficulté dans son exécution.

Le devis estimatif, & les offres des Entrepreneurs faites & reçues en conséquence, sapent par le fondement cette derniére objection : car tous les différens ouvrages que l'on sera obligé de faire pour la construction du Canal sont non-seulement compris & détaillés dans ce devis estimatif & dans ces offres, mais encore évalués à un prix haut; & malgré tout cela, & une augmentation considérable au-dessus de l'estimation totale, dans le devis, & une autre augmentation encore plus forte que les offres des Entrepreneurs y ont mis, la dépense à faire pour rendre ce Canal en sa perfection, n'est pas trop grande, en comparaison de l'importance de l'Ouvrage, puisqu'elle est fixée à six millions & cent mille livres, ainsi que je l'ai dit en son lieu.

On pourroit même, prouver que cette dépense, quoique médiocre, eu égard aux grands profits que promet le Canal, est portée bien plus haut qu'elle ne sauroit monter : Une comparaison sommaire des ouvrages

qu'on a été obligé de faire pour le Canal de
Languedoc, avec ceux qui feront néceſſaires pour la conſtruction du Canal de Provence, & un parallele que je ferai enſuite
des deux Canaux, mettront cette vérité dans
tout fon jour.

M. de Baſville, en la page 320 & ſuivantes de ſes Mémoires, dit, en parlant
du Canal de Languedoc : « Que M. Riquet
» ſe chargea de l'entrepriſe ; ce fut lui qui
» en fut l'Inventeur, l'Entrepreneur & le
» ſeul Directeur ; & l'on peut dire, qu'aidé
» par ſes talens naturels, plutôt que par les
» regles de l'Art qu'il n'avoit jamais étu-
» diées, il trouva ſeul les expédiens néceſſai-
» res pour ſurmonter les difficultés immenſes
» qui s'y font rencontrées . . . que l'eſpace
» de terrain ou de contenant qui eſt entre les
» deux Mers, eſt de 125435 toiſes. . . . . .
» Que l'on a pratiqué à Nauroux, où eſt le
» point de partage, un Baſſin de 200 toiſes
» de longueur, ſur 150 de largeur. . . . . .
» Que pour remplir ce Baſſin, de maniére
» qu'il ne tariſſe jamais, on a conſtruit le
» Réſervoir de Saint Féréol, dans la Vallée
» de Landoc. . . . . . . Que ce Ré-
» ſervoir a 1200 toiſes de longueur, ſur 500
» de largeur, & 20 de profondeur. . . . . .
» Que ce grand Magaſin d'eau n'a pû ſe faire
» qu'en ramaſſant toutes celles d'alentour,
» ſur-tout, celles de la Montagne Noire.
» . . . . . Qu'il a fallu faire 22868 toiſes de

Principaux
ouvrages
pour la con-
ſtruction du
Canal
Royal.

» rigolles , pour ramaſſer toutes les eaux. . .
» . . . . . Que ce Canal a coûté 13 mil-
» lions, dont le Roy a donné 6692018 livres,
» & que la Province a fourni le reſte de la
» ſomme , dans laquelle eſt compriſe la dé-
» penſe du Port du Cétte, qui revient à deux
» millions ».

L'Auteur du Spectacle de la Nature , *Tome III. pages 59 & ſuivantes* , dit ſur le même ſujet.

« Le Canal , depuis ſon embouchure dans
» le Port de Cétte juſqu'à Toulouſe , a plus
» de 70 lieues de longueur ; il a fallu ſouvent
» le couder & le courber pour gagner le ni-
» veau , l'affermir ſur des pilotis dans les
» terrains mouvans ; l'appuyer ſur des Ponts
» ou des Arches de pierre , dans les vallées ;
» eſcarper ou abattre certaines Montagnes,
» en percer d'autres & les voûter pour le re-
» cevoir. . . . . On a excavé plus de
» deux millions de toiſes cubes de terre , &
» plus de 5000* de Rocher : on a conſtruit

---

* C'eſt une faute d'impreſſion , puiſque dans le Procès-verbal de M. d'Agueſſeau , Intendant de Languedoc,
(Juillet 1684) ſur la réception des ouvrages du Canal
Royal , on voit que les fouilles dans le roc dur , qu'il a
fallu faire, près la Métairie de la Gourgaſſe, dans les rochers de Poyelle , dans ceux du Moulin de Roubiac,
de Millegrand , de Saint Julia & de Jean, entre l'épan-
choir de Baffiés & la Riviére de Freſquel, la rigolle
d'Alzau & le ruiſſeau de Bernaſſonne , & entre ce ruiſſeau & celui de Lampi , compoſent autour de 60 mille
toiſes cubes. Les 2000 toiſes de longueur de ce Canal,
qui joignent la chauſſée de la Riviére de Ceſſe , exca-

» 104 Ecluſes, pour élever & deſcendre les
» Barques, 16 énormes Chauſſées, pour re-
» pouſſer les eaux incommodes, 24 Epan-
» choirs pour lacher les eaux du Canal,
» quand on craint qu'il ne s'empliſſe de
» ſable ou de limon. On compte dans cet
» Ouvrage, plus de quarante mille toiſes
» de maçonnerie, à quoi il faut ajouter les
» jettées de 200 toiſes, & le môle de 500, qui
» couvrent à préſent le Port de Cétte, &c ».

Le Pere Mourgues, * dit dans ſa Lettre,
à M. d'Agueſſeau, qui eſt imprimée. « Que
» ce Canal a été fait avec les ſeuls Ouvriers
» du Languedoc, & que la longueur de ſon
» cours eſt de 142266 toiſes, & ſa largeur
» d'environ 10 toiſes, ſur 5 de baſe, & ſa
» profondeur de 9 pieds, quelquefois de 6,
» 7, 8, & 10.

» Pour la conſtruction de ce Canal, il a
» fallu excaver plus de deux millions de toi-
» ſes cubes de terre ou de tuf, & plus de
» 500 mille de rocher; bâtir 104 grandes

vées de 18 pieds, ſur 36 d'ouverture dans un rocher
très-dur, compoſé de petits cailloux glacés les uns contre les autres & mêlés de veines d'eau, montrent auſſi
combien cette quantité de 5000 toiſes cubes eſt éloignée
de la véritable; mais ce qui le prouve encore mieux,
eſt la fouille dans le roc,, qu'il a fallu faire entre les
Ecluſes de Marſeillette & de Trebes, ſur la longueur
de 500 toiſes, la largeur de 30 pieds & la profondeur
de 48.

* On voit par le même Procés-verbal de M. d'Agueffeau, que le P. Mourgues étoit chargé, par Sa Majeſté,
de l'inſpection du Canal Royal.

« Eclufes, 16 Chauffées, 10 Cales, 18
» Martelieres, 24 Epanchoirs, une infinité
» de Ponts ; enfin, faire plus de 40 mille
» toifes de Bâtiment, fans y comprendre les
» môles, les quays, les Banquettes & les
» jettées du Port de Cétte ».

On trouve les mêmes dimenfions & les mêmes ouvrages dans la relation de la feconde
navigation folemnelle du Canal Royal, faite
par M. d'Agueffeau, dans le mois d'Avril
1683, & qui fut envoyée à M. Colbert, par
le Pere Mourgues. On voit encore, qu'à 8
toifes au - deffous de la bafe, ou lit de ce Canal, dans l'endroit même où il eft établi, à
travers la petite Montagne de Malpas, il y a
un autre Canal de 14 pieds de haut & de 8
de large, qui fut fait il y a près de 400 ans,
pour deffécher l'Etang de Montady. Ces
deux Canaux fe coupent en croix, & de la
Banquette du Canal Royal on voit, par un
Puits, couler l'eau dans le Canal d'en bas,
à 8 toifes au-deffous. &c.

Voila en gros les ouvrages qu'il a fallu
faire pour conftruire le Canal de Languedoc, & qui ont couté 13 millions, y compris les deux millions qui furent dépenfés
pour le Port de Cétte. Voyons maintenant
quels ouvrages il faudra faire pour conftruire
le Canal de Provence.

Principaux ouvrages à conftruire pour le Canal de Provence. La longueur du cours du Canal de Provence, depuis la prife de fes eaux dans la
Durance, jufqu'à Aix, fera de trente-huit

mille 207 cannes, * & depuis Aix jusqu'à
Marseille, de 30 mille 248 ; ainsi la longueur totale du Canal, depuis la Durance
à Canteperdrix, jusqu'à la Mer, où il se jet-
tera auprès de Marseille, sera de 68 mille
455 cannes, c'est-à-dire, de près de 23
lieües de Provence.

Toutes les fouilles qu'il faudra faire, &
les déblais qu'il faudra enlever pour l'exécution du Canal, soit pour son établisse-
ment, soit pour les Bassins à épurer les
eaux, soit pour les contre-Fossés qui recevront les eaux des épanchoirs & celles des
pluyes, &c. ayant égard, non-seulement
à ce qui est déterminé par le devis estimatif
des ouvrages, mais encore, aux augmentations que font à ces ouvrages, les offres
des Entrepreneurs, ne rouleront qu'autour
de 300 mille cannes cubes, dont environ
la sixiéme partie se fera dans du rocher de
diverses qualités, & les 250 mille cannes
cubes restantes, dans différens terrains.

Les autres ouvrages pour l'exécution de
ce Canal consistent. **

En 87 épanchoirs, ou *Versadoux*, pour
rejetter naturellement hors du Canal, les
eaux superfluës.

En 65 Ponts, pour rétablir tout autant de
chemins qui seront coupés par le Canal.

---

* J'ai dit en la seconde partie, qu'une Canne est égale à 6 pieds, 1 pouce, 5 lignes & deux tiers de ligne.

**Voyez la récapitulation générale de ces ouvrages, en
la p. 129 & suivantes du devis estimatif, ci-devant cité.

En 286 Aqueducs, pour lui faire franchir les Riviéres, les Torrens, les Ravines, &c. qui fe rencontreront fur fa route ; le plus confidérable, en toute façon, de ces Aqueducs, eft celui qu'il faudra jetter fur la petite Riviére de l'Arc, en un endroit où le lit & les bords de cette Riviére font de roche dure ; il fera conftruit relativement à ce qui a été propofé par M. Fauvel, principal membre de la Compagnie des Entrepreneurs ; parce que les changemens que cet Architecte a trouvé néceffaire de faire à l'Aqueduc qui avoit été en premier lieu projetté, ont été approuvés, non-feulement par tous les autres membres de fa Compagnie, mais par celle des Propriétaires.

Les Aqueducs qui viennent après celui-là, en n'ayant égard qu'aux frais de conftruction, & qui feront percés de plufieurs Arcades chacun, font au nombre de dix ; ce qu'il en coutera pour les conftruire tous, montera environ à la moitié de la dépenfe qu'il faudra faire pour celui de la Riviére de l'Arc.

Les 275 Aqueducs reftans feront percés d'une feule Arcade, & tous enfemble couteront moins à conftruire que les onze précédens ; puifque de ces 275, il y en aura 179 qui ne feront percés que d'une Arcade de 4 pans* de diamêtre, 19 d'une de

* Un Pan eft la huitiéme partie de la Canne.

6 Pans, 25 d'une de 8, 12 d'une de 10,
13 d'une de 12, &c.

En 12 mille cannes courantes de murs,
en bonne maçonnerie, pour former un des
bords du Canal, dans les endroits où il fera
établi fur des penchans qui feront trop in-
clinés, ou fur ceux dont la fouille, ou les
terres des environs ne pourront fournir un
terrain de la qualité convenable, pour former une bonne Chauffée.

En 7 mille cannes courantes de murs de
différentes hauteurs & épaiffeurs, en pierres féches, c'eft-à-dire, fans mortier, ni fans
aucune autre liaifon, qui ferviront à foute-
nir les chauffées du Canal, ou pour les autres ufages mentionnés dans le devis eftimatif.

En la maçonnerie néceffaire, foit en
moilons, foit en pierres de taille, pour former le Canal dans les endroits de fon cours,
qui ne pourront l'être autrement, à travers
les hauteurs qu'il pénétrera.

En tous les ouvrages prefcrits dans le
devis & dans les offres des Entrepreneurs,
pour établir & affurer la prife & la dérivation des eaux du Canal, & en ceux qu'il
faudra faire en-deffous, pendant une longueur déterminée, pour mettre les premiéres parties de fon cours, à l'abri des
cruës d'eau, & des inondations de la Durance.

Aux ouvrages néceffaires, pour changer

G

le chemin actuel , aux environs de la prife des eaux du Canal, & celui encore qui conduit depuis en - deffous de Canteperdrix jufqu'à Peirolles , & pendant la longueur d'environ 300 toifes.

A ceux auxquels on fera obligé pour rétablir quelques conduites ordinaires d'eau qui feront coupées par le Canal.

Enfin , à tous ceux qu'il faudra faire pour conftruire les derniéres 4350 cannes courantes du cours de ce Canal, qui n'ont pû être appréciées que par eftimation , attendu que cette partie du Canal, qui traverfera le terroir de Marfeille , aura d'autant moins de largeur & de profondeur , que l'on aura confommé la plus grande partie des eaux avant que d'y arriver , & que la pente du terrain dans ce dernier intervale , étant d'environ 500 pieds , on pourra conduire le Canal par telle route que l'on voudra , en attendant que la Compagnie des Propriétaires juge à propos de rendre navigable cette partie de fon cours. (Voyez ci-devant, page 49 ,)

Tous les différens ouvrages dont je viens de parler en général , font évalués dans le devis eftimatif, où il en eft parlé en détail, à un prix plutôt au-deffus qu'au-deffous du prix ordinaire ; à cette eftimation, j'ai encore ajouté un million de livres , * pour compenfer les dépenfes qu'on ne peut

* Page 130 du devis.

déterminer d'avance, & qui feront occa-
fionnées par les éboulemens & les épuifemens * des fources d'eau qu'on pourroit rencontrer à travers les hauteurs que le Canal
coupera en divers endroits de fon cours;
les erreurs de calculs & de nivellement,
s'il y en a, les omiſſions, & enfin tous les
cas imprévus, y compris même le prix
de l'achapt, du terrain pour l'etabliſſement
du Canal & de fes bords ; cependant,
malgré une telle eſtimation, toute la dépenſe de la conſtruction du Canal ne monte
qu'à la fomme de quatre millions 800 mille
livres , c'eſt-à-dire, 13 cens mille livres
au-deſſous de celle qui a été promiſe à la
Compagnie des Entrepreneurs.

M. Fauvel, qui a le plus d'intérêt dans
cette Compagnie, & qui en a d'ailleurs un
conſidérable dans celle des Propriétaires, a
fondé cette trop grande augmentation fur
celle qu'il a fuppofé être furvenue aux ouvriers & aux matériaux, dans l'intervale de 3
ou 4 années qu'il y a entre la date du devis
& celle des offres de fa Compagnie, fur ce
que cette même Compagnie s'eſt engagée
à exécuter les ouvrages qu'il a été jugé
néceſſaires, d'après fesobfervations , d'ajouter à ceux qui font mentionnés dans le devis,

---

* Par ces épuifemens, on entend ceux de quelques
petites fources d'eau , que l'on pourroit rencontrer fur
la route du Canal , & non celui d'aucun marais, n'y
ayant point de tels deſſéchemens à faire.

& fur ce que felon ces mêmes obfervations, ne pouvant plus fuivre précifément la route qui a été tracée au Canal d'après le nivellement de MM. d'Alleman & Gerard, les changemens qu'elles occafionneront à la route qui eft déterminée par le devis, pourroient éxiger de plus grands frais de conftruction. A ces trois confidérations, on peut ajouter celle que M. Fauvel, ayant fans doute fait réflexion qu'on n'étoit guére en état en Provence de lui oppofer des concurrens, puifqu'il s'eft affocié avec les plus intelligens en cette matiére, il a cru qu'il pourroit, contre l'ufage, au lieu de retrancher au montant du devis, y ajouter une trop grande fomme, ainfi que je l'ai plus d'une fois folidement prouvé dans les Affemblées des Propriétaires, avant que fes offres euffent été reçues; j'ai même fait voir que les conditions qu'il éxigeoit pour être chargé de l'entretien & du récurage du Canal, pendant le tems ci-devant déterminé, étoient encore trop avantageufes pour lui & fa Compagnie; peut-être, & j'ai lieu de le penfer, qu'il auroit voulu moins gagner, s'il avoit été queftion d'une entreprife qui eût promis de moindres profits à ceux qui la feront exécuter: car fi on a égard au produit annuel du Canal de Provence, il eft certain que les fix millions & cent mille livres qui ont été accordées aux Entrepreneurs, ne doivent point être regardées comme une somme trop considérable, au lieu que si on compare cette somme à celle qu'il en a couté pour l'exécution du Canal Royal, on trouvera que c'est porter bien haut la dépense de celui de Provence.

La longueur du Canal Royal est de plus de 125 mille toises, selon M. de Basville, & de plus de 142 mille, selon le Pere Mourgues, qui a pris lui - même cette longueur, celle du Canal de Provence sera de 70 mille toises; sa largeur & sa profondeur moyennes seront beaucoup moindres que la largeur & la profondeur moyennes de celui de Languedoc; la différence qu'il y a entre les dimensions de ces deux Canaux & la nature de leurs ouvrages, quant à la fouille ou excavation est telle, ainsi qu'on a pû l'observer, que les excavations qu'il a fallu faire pour le Canal de Languedoc, font environ huit fois plus considérables que celles qu'on fera pour le Canal de Provence; de maniére que si les autres ouvrages, indépendans de ces fouilles, étoient égaux dans ces Canaux, & que l'on supposât, pour avoir égard à ce que les ouvriers & les matériaux coutent plus aujourd'huy, qu'au lieu de 13 millions, le Canal de Languedoc en a couté 24; la dépense de celui de Provence ne devroit monter qu'à trois millions de livres, ce qui prouve clairement que les frais de construction de ce

Parallele du Canal Royal, au Canal de Provence.

G iij

dernier Canal, font de beaucoup trop évalués en faveur des Entrepreneurs.

Pour ajouter à cette preuve, on peut encore obferver, qu'en fuppofant que le nombre des Ponts, des Aqueducs & des toifes
cubes de maçonnerie fût égal dans ces deux
Canaux, quoique le cours de celui de Languedoc foit deux fois plus long que le cours
de celui de Provence, on n'aura point, pour
la conftruction de ce dernier, quant à préfent, comme à l'égard du Canal Royal,
aucune Eclufe à conftruire pour abforber
les pentes, ni à faire en aucun tems rien
d'approchant de l'immenfe Réfervoir de
Saint Féréolles, dont un des murs * a 400
toifes de long, fur 22 de haut; on ne fera pas non plus jamais obligé à dépenfer
deux millions pour les môles, les quays,
les banquettes & les jettées du Port de
Cétte; on n'aura aucune Chauffée à faire,
ni 22 mille toifes de rigolles pour ramaffer
les eaux, puifque le Canal de Provence
commencera & fera nourri par une Riviere en tout tems très-abondante. Si on
avoit eû cet avantage, en conftruifant le
Canal Royal, on n'auroit point été obligé
de conftruire un grand nombre de Chauffées & de Calles pour faire refouler dans
ce Canal les eaux de plufieurs Rivieres
& Torrens, c'eft-à-dire, qu'on n'auroit
point été obligé de dépenfer des fommes

* Voyez la Carte du Canal Royal, par Nolin,

confidérables & d'expofer le Canal à être engorgé & plutôt ruiné, pour peu qu'on négligeât de l'entretenir. Pour la feule Chauffée de Céffe, il a fallu 1800 toifes cubes de maçonnerie.

Que l'on juge, après ce détail, de la grande différence qu'il y a entre les ouvrages qu'il a fallu faire pour conftruire le Canal de Languedoc, & ceux qu'il faudra faire pour le Canal de Provence ; elle eft telle, que pour peu qu'on faffe attention à ce qu'il en a couté pour le premier, quand on fuppoferoit cette dépenfe au double de ce qu'elle a été, & à ce qu'il en coutera pour le fecond ; quand on réduiroit à la moitié, la fomme promife aux Entrepreneurs, on trouveroit toujours que ceux-ci ont fait un marché avantageux pour eux. Examinons maintenant les autres objections de la premiere Claffe.

Je crois devoir placer ici une objection que l'on pourroit faire. Il eft à craindre, dira-t-on, que les obfervations que les Entrepreneurs chargés de l'exécution du Canal ont faites fur la route qu'il doit fuivre, & la détermination qui a été prife de donner une plus grande pente à fon lit, afin de lui faire dépenfer telle quantité d'eau qu'on voudra, ne pouvant que changer cette route, & en conféquence, une partie des ouvrages, les frais de leur conftruction en feront peut-être plus confidérables, & les

Quatriéme objection.

niveaux déterminés d'après les opérations de 1742 & 1743, différens de ceux qui font mentionnés dans le devis eftimatif.

Ces inconvéniens ne font point à craindre. Les Entrepreneurs ont fi bien pris leurs mefures à l'égard de l'augmentation du prix qui pourroit être occafionnée par les raifons que je viens d'alléguer, que ces changemens ont été pour eux un moyen de plus, pour augmenter les profits qu'ils doivent retirer en exécutant cette entreprife. Ce que j'ai dit pour faire voir que les accords qu'ils ont paffés avec la Compagnie des Propriétaires, font trop avantageux pour eux, en eft une preuve.

Il eft vrai que fi le Canal devoit être creufé dans un terrain uni & horizontal, & que fi on ne devoit donner aucune pente à fon lit, ainfi que l'on feroit s'il n'étoit deftiné uniquement que pour fervir à la navigation, les changemens faits aux niveaux donnés, la plus grande pente qui doit être diftribuée, & les obfervations des Entrepreneurs pourroient occafionner de plus grands frais ; mais dès que, comme dans ce cas ci, la furface du terrain par-où le Canal peut paffer, eft en général penchante fur l'un des côtés, & que la pente que l'on donnera à fon lit, fera telle que l'on voudra, tous ces changemens, & même les erreurs de nivellement, s'il y en avoit, à moins qu'elles ne fuffent trop grandes, font indifférens à la conftruction du Canal ; **parce** que quelque précis que puiffent être les nivellemens de 1742 & de 1743 , la conftruction doit être néceffairement précédée du nivellement définitif, pour établir les repaires de conftruction & de conduite, c'eft-à-dire, de celui qne je ferai trois fois , avec l'Ingénieur & avec l'Architecte, qui m'ont été donnés pour Adjoints à la direction des ouvrages; ainfi, dès que l'on eft affuré, comme je l'ai fuffifamment prouvé, que les eaux de la Durance pourront être portées à Aix ; il eft indifférent, ayant égard à l'inclinaifon du terrain, que ce foit, fuivant la pente qui a été diftribuée dans le devis eftimatif, ou fuivant celle qui fera diftribuée *en faifant le nivellement définitif* ; cette différence de pente, de même que les erreurs de nivellement dont je viens de parler par fuppofition , ne produiroient d'autre effet que celui d'établir le Canal plus loin ou plus près du fommet de la hauteur, fur le penchant doux ou roide de laquelle fon cours feroit dirigé ; le profit des fouilles feroit toujours le même, & tel qu'il eft déterminé aux pages 2, 3 & 4 du devis eftimatif que les Entrepreneurs ne fe font obligés d'exécuter qu'après en avoir mûrement examiné le contenu.

Je conviens cependant que fi la Compagnie des Propriétaires jugeoit qu'il fût avantageux pour le projet , de donner au

Canal plus de largeur & plus de profondeur qu'il n'en eſt porté par mon devis & par les accords paſſés avec les Entrepreneurs, ou de faire conſtruire des ouvrages qui ne ſont compris ni dans l'un ni dans l'autre, & qui ne ſont point abſolument néceſſaires pour la perfection du Canal; je conviens dis-je, qu'en ce cas, la Compagnie des Propriétaires ſeroit obligée de payer la dé-penſe de ces nouveaux ouvrages; mais cette dépenſe ne pourroit jamais être regardée comme un obſtacle à l'exécution de l'en-trepriſe; puiſqu'il n'auroit tenu qu'à cette Compagnie, de ne pas l'occaſionner, & que ces nouveaux ouvrages, ſeroient de toute autre nature que ceux qu'on doit comprendre parmi les imprévûs, auxquels les Entrepreneurs ſont obligés, en conſidé-ration du haut prix dont on eſt convenu avec eux: il étoit juſte en effet qu'ils fuſſent aſſûrés de gagner, en quoi que puiſſent con-ſiſter ces dépenſes imprévues & les parties omiſes; parce qu'il y a des choſes qui dé-pendent bien plus des obſervations que l'on peut faire en travaillant ſur le terrain, que de toutes les réfléxions que l'on peut faire d'avance. Toutes les grandes entrepriſes ſont ſujettes à cet inconvénient; le Canal de Languedoc n'en fut pas exempt, & l'on voit par un endroit du Procès-verbal de M. d'Agueſſeau, du mois de Juillet 1684, ſur la réception des ouvrages de ce Canal,

» que le devis, quoique fait avec beaucoup
» de foin & d'exactitude, n'a pû néanmoins,
» dans une fi grande & fi difficile entreprife,
» en régler tellement l'exécution, qui dépen-
» doit principalement du travail & de l'ex-
» périence, qu'on n'ait été obligé de laiffer
» beaucoup de chofes à la prudence de l'En-
» trepreneur, &c ».

La cinquiéme objection confifte, en ce *Cinquiéme objeċtion.*
que les eaux du Canal filtreront, dit - on,
en fi grande quantité à travers fon lit & l'un *Perte des eaux de ce Canal, par la filtrarion.*
de fes bords, dans les endroits où il fera éta-
bli fur les penchans des Montagnes & des
Collines qu'il doit côtoyer, qu'il n'en arrivera pas une feule goutte à Aix.

On fonde ce raifonnement fur la nature *Fondement de cette dif-ficulté.*
du terrain, que l'on fuppofe graveleux, &
fur les fentes & les cavités qu'on préfume
devoir fe rencontrer dans ces parties du
cours du Canal, d'où l'on tire la conféquence, que ce gravier, ces fentes & ces cavités
ouvrant des conduits intérieurs aux eaux, on
prédit que ces eaux dans un certain nombre
d'années, élargiront ces conduits, & qu'alors
les Campagnes inférieures feront défolées
par les mêmes eaux qui étoient deftinées pour
les fertilifer : on ajoute comme une preuve
de ce qu'on a avancé, que le Canal de Craponne, dont la fource eft auffi dans la Durance, perd à travers fes chauffées de l'eau
fi confidérablement dans le terroir d'Iftres,
que l'Etang de ce nom en a été formé.

Avant que de décider sur la nature des creusemens à faire pour la construction du Canal de Provence & pour celle de tout autre ouvrage de cette nature, on doit connoître précisément la route qu'il doit suivre, afin de pouvoir en sonder le terrain à une infinité d'endroits.

Si les Auteurs de l'objection ont fait sonder ce terrain; s'ils l'ont trouvé aussi pierreux & aussi plein de cavités qu'ils le disent, & s'ils ne sçavent point que quand il seroit tel qu'ils l'annoncent, cela seroit indifférent pour l'exécution du Canal : ils ont raison de proposer leur difficulté.

Mais comme le cours des eaux de ce Canal, & la nature des fouilles à faire pour son exécution, ne peuvent être connus que par un nivellement suivi, tel que celui qui a été fait en 1742 & en 1743, dont j'ai parlé en la page 34, & que je suis assuré que qui que ce soit n'a fait de pareilles opérations, auxquelles il auroit fallu employer beaucoup de tems & beaucoup d'argent; on peut assurer que l'objection que l'on fait est hasardée.

Il est vrai que les Auteurs pourroient dire, que n'entendant parler que contre les parties du Canal, qui seront établies sur les penchans des Montagnes, ils n'ont besoin ni de nivellemens ni de sondes pour connoître la nature des fouilles dans ces endroits-là, puisque les torrens & les ravines qui coupent actuellement les différentes routes que le Canal peut fuivre fur ces penchans, dévelopent & mettent en évidence la qualité des creufemens qu'on y fera; mais il n'en eft pas moins vrai qu'on pourroit leur répondre que cela feul prouve folidement qu'ils ont tort, puifque la plus grande partie de ces torrens & ravines ont plus de profondeur que n'en aura la fouille du Canal, & que tous n'offrent en général, dans leur intérieur, qu'une matiére telle qu'on peut fouhaiter de la rencontrer pour faire un ouvrage folide en tous fens, à cela près, qu'on a été obligé, ainfi qu'on le voit aux pages 33, 34, 35 & ailleurs, du devis eftimatif que j'ai fouvent cité, de prefcrire des contre-Foffés plus larges & plus profonds que les contre Foffés ordinaires, beaucoup plus d'Aqueducs pour en recevoir les eaux que les pluies leur fourniront, & pour les faire échaper au-deffus ou au-deffous du Canal, fuivant le niveau; beaucoup de murs de foutenement fort épais en bonne maçonnerie & beaucoup en pierres féches, & divers autres ouvrages, tous occafionnés par la feule qualité de la fouille, laquelle ne reffemblant en rien à celle que les Auteurs de l'objection ont imaginée ne fera dans ces endroits-là que dans l'argile ou de la glaife, c'eft-à-dire, dans un terrain très-propre à contenir l'eau, mais fufceptible de gliffer, ce qu'on évite en exécutant les ouvrages dont les Entrepreneurs font chargés, & qui augmentent bien plus la dépenfe de leur conftruction que ne l'auroient augmentée ceux qu'il auroit fallu faire, fi au lieu de rencontrer de l'argile on avoit eu l'avantage de trouver le terrain graveleux dont on parle, ce terrain eut-il été coupé véritablement par un grand nombre de larges fentes & de profondes cavités, ce qui offriroit bien d'autres vuides que les fimples pores du terrain le plus pierreux ; mais comme on fçait qu'au moyen d'un Aqueduc, on fait franchir à un Canal le torrent le plus large & le plus profond, de même l'on pourroit, par le même moyen, faire franchir à celui de Provence, les vuides que l'on vient de créer avec autant de raifon, qu'on en a eu de créer le gravier & les fentes qui fervent de fondement à l'objection dont il s'agit.

Si ces Aqueducs font un reméde contre les fentes & les cavités que l'on a diftribuées gratuitement fur une partie de la route que le Canal doit fuivre, il ne refte plus qu'à en trouver un contre la qualité pierreufe & graveleufe du terrain que l'on a placé dans l'intervalle d'une cavité à l'autre; l'eau de la Durance porte elle-même ce remede; le fable & la vafe dont elle eft ordinairement chargée, & bien plus que l'eau d'aucune autre Riviere que je connoiffe, eft très-propre à boucher les pores du terrain

le plus graveleux : le limon qui couvre toujours les environs des bords du courant de la
Durance, après les crües d'eau, celui qui forme un enduit dans l'intérieur des rigolles ou
petits foſſés de dérivation tirés du Canal de
Craponne, en ſont des preuves non équivoques ; on en peut citer encore une autre
preuve dans la fertilité du terroir de Cavaillon ; dès que les vaſtes plaines de ce terroir, qui n'étoient que de ſable & d'un terrain graveleux & infertile ont été arroſées
par les eaux de la Durance, elles ſont dé-
venues très-fécondes, & cela, parce que
ces eaux ont dépoſé la vaſe & le limon dont
je viens de parler, & que, par là, elles ont
augmenté leur valeur au décuple.

Les divers creux qui ſont aux environs
de la Durance, ſubmergés dans le tems des
inondations, reſtent pleins d'eau après que
celle de la Riviere s'eſt retirée dans ſes bornes ordinaires, & forment tout autant de
baſſins, dont un très-grand nombre ſont
aſſez profonds, fort larges & très-longs ; ils
ſe trouvent naturellement creuſés dans le
gravier, & toujours ſupérieurs au lit de la
Riviere, à quelque diſtance de là, attendu
la pente rapide de ſon cours ; cependant,
ils ne laiſſent échaper aucune eau, ils la
conſervent au contraire, & elle n'eſt jamais
diminuée que de celle que le vent emporte
& que le Soleil attire, ce qui, après un long
eſpace de tems, diminue de bien peu celle

de ces grands baſſins, & met à ſec ceux qui n'ont que quelques pouces de profondeur : & on reconnoît alors viſiblement dans ces derniers, comme dans les premiers, après un long eſpace de tems, que l'eau dont ils étoient remplis n'a pû diminuer que par l'évaporation & non par la filtration, puiſqu'elle a dépoſé un limon gluant & épais, qui eſt auſſi propre à boucher les ouvertures du terrain le plus graveleux, qu'à fertiliſer le moins fécond.

Mais ſuppoſons, ce qui ne ſçauroit être, c'eſt-à-dire que, malgré le limon & la vaſe dont l'eau de la Durance eſt ordinairement chargée, il en filtrera cependant une quantité aſſez grande à travers les bords ou chauſſées du Canal pour mériter qu'on y faſſe attention ; quand cela ſeroit, la perte d'eau ſuppoſée ne peut jamais être regardée comme un obſtacle à la conſtruction du Canal parce que les ouvrages qu'il faudra faire pour le conſtruire ainſi que les Entrepreneurs s'y ſont ſoumis, doivent être bons & de recette, & ils ne ſeroient pas réputés tels, ſi l'eau s'échapoit en trop grande quantité, & ce ſeroit à eux à y remédier, ce qui ne ſeroitni difficile ni diſpendieux.

On parviendra à connoître les endroits du Canal par où l'eau ſe perdra, par le moyen même de l'eau, en la retenant par intervales à différentes hauteurs, avec de ſimples batardeaux d'argile; que ſi c'eſt le

lit

lit du Canal qui laiffe échaper l'eau, on creufera deux pieds & moins encore, au deffous du niveau donné ; on remplira le creux que l'on aura fait par un maffif de terre glaife bien corroyée;on pofera d'ailleurs, à demeure & diftances égales, des témoins de pierre de taille à face raboteufe, excepté celle de deffus, pour régler les Ouvriers dans le tems des récurages; bien entendu que fi ce maffif demande, en quelques endroits, d'être fait en maçonnerie, alors ces témoins de pierre feront fuperflus en ces endroits-là.

Que fi c'eft par le bord inférieur du Canal que les eaux filtrent, un corroy de terre glaife, entre deux murs de pierres féches, foutenu par un glacis de terrain fuffifamment épais, empêchera cette filtration ; & fi le penchant étoit trop roide, ou qu'il eût quelqu'autre raifon qui l'exigeât, on conftruira, au lieu de ce dernier ouvrage, des murs en maçonnerie, tels que ceux qui font mentionnés en divers endroits du devis eftimatif, pour former un des bords du Canal dans les parties de fon cours, où il fera établi fur des penchans dont l'inclinaifon fera trop grande.

Un contre-foffé profond & large, fuffifamment creufé en-deffous, & à une médiocre diftance de la chauffée qui formera le bord inférieur du Canal fur ces penchans, fera d'une modique dépenfe, & recevra les eaux qui pourront fuir à travers cette chauf-

H

fée & à travers le lit du Canal, & les portera par un courant de peu de hauteur, pour éviter les effets de la preſſion, dans les endroits où la Compagnie des Propriétaires devroit les employer, ſoit en arroſemens ou en d'autres uſages; & lorſque les eaux ſeront ſuperflues, on les laiſſera perdre dans le torrent qui ſera le plus à portée de les recevoir.

Convenons qu'il ne faut pas être bien habile, pour imaginer des moyens auſſi ſimples & auſſi ſûrs que ceux que l'on vient de propoſer, pour empêcher la filtration des eaux d'un Canal quelconque : Convenons auſſi que quand on ſuppoſeroit même, que pendant toute la longueur où celui de Provence ſera établi ſur des penchans, depuis la Durance juſqu'à Aix, on auroit beſoin de faire de pareils ouvrages, les Auteurs de l'objection n'en ſeroient pas plus avancés; la dépenſe qu'il faudroit faire alors en terre glaiſe, en maçonnerie & en contrefoſſés, pour rendre ces endroits-là auſſi ſolides qu'il le faut, ne ſçauroit être bien conſidérable, ni emporter, à beaucoup près, le million & plus que la Compagnie des Entrepreneurs, chargée de l'exécution du Canal, a demandé de trop; puiſque la longueur de ces endroits penchans, n'eſt que de 6385 cannes, * depuis la naiſſance

* Voyez le devis eſtimatif, aux pages 18, 22, 23, 29, 30, depuis 33, 36, 37, 39, 61, 65, 77, 82, 84.

du Canal, jufqu'au valon de Barret, dans le terroir d'Aix.

Ce que je viens de dire fur les moyens d'empêcher la filtration des eaux du Canal de Provence, depuis fa naiffance jufqu'au valon de Barret, peut également fervir à remédier au même inconvénient depuis ce valon jufqu'à la Mer; mais comme les Auteurs de l'objection n'ont pas porté leur crainte au-delà d'Aix, vû que le Canal, felon eux, fera à fec avant qu'il y arrive : je ne poufferai pas plus loin mes obfervations à ce fujet, & je paffe à la preuve qu'ils ont, difent-ils, que les eaux du Canal filtreront, & qu'ils en ont un exemple bien fenfible dans la branche du Canal de Craponne, laquelle paffe dans le terroir d'Iftres, & perd, à ce qu'ils prétendent, par la filtration, une affez grande quantité d'eau pour avoir formé & pour nourrir le petit Etang qui eft auprès de ce Village.

Si ces pertes d'eau font telles que l'expofe l'objection, pourquoi ne pas y obvier, en faifant à l'égard de ce Canal, les ouvrages dont je viens de parler pour empêcher la fuite des eaux de celui de Provence? Le cas eft le même; mais comme les lieux même que j'ai examinés avec foin * prouvent précifément le contraire de ce qu'on avance. Je fupprimerai à ce fujet d'inutiles

* Avec M. Fauvel, &c. les 8, 9, 10 de Septembre 1749.

H ij

détails, & je me bornerai à dire que la branche du Canal de Craponne, qui contourne dans le terroir d'Iftres, eft en général établie fur un terrain penchant; que fon bord inférieur eft ordinairement formé par une fimple Chauffée, enforte que le lit du Canal eft fupérieur au terrain des environs; que cette Chauffée, en divers endroits, a une affez grande épaiffeur, en d'autres une médiocre, & en d'autres une bien petite, mais que cela revient au même contre les Auteurs de l'objection; puifque de ce Canal, il ne s'échape pas une goutte d'eau par la filtration.

L'Etang d'Iftres a éxifté de tous les tems, avec cette différence, qu'avant la conftruction du Canal de Craponne, il occupoit un efpace beaucoup moins confidérable qu'il n'occupe aujourd'huy; quelques-uns ont crû, & croyent peut-être encore que l'augmentation de fes eaux a été occafionnée en partie par celle qui filtre, difent-ils, à travers le terrain évidemment & réellement pierreux que les eaux du Canal de Craponne arrofent, dans la partie de la Crau, qui eft comprife dans le terroir d'Iftres : en fuppofant que cette opinion fût fondée, on obfervera que fi on avoit voulu éviter cette prétendue filtration, il n'y avoit qu'à ne point arrofer ce terrain graveleux; & que fi on n'a pas pris ce parti, c'eft fans doute, parce qu'il a paru plus

avantageux de fertilifer une certaine étendue de terrain, que d'épargner les dépenfes
qu'il a fallu faire pour ouvrir, aux eaux
groffies de l'Etang, le Canal de vuidange
& de communication dont je parlerai dans
peu.

L'augmentation des eaux de cet Etang
eft occafionnée par la fuite ou échapée
des eaux des Efparciers * pratiqués à la
Chauffée du Canal de Craponne, pour
arrofer les terres. Quand un Particulier a
arrofé fon Pré ou fes Oliviers, il ne fe
donne pas la peine ordinairement d'aller
fermer l'Efparcier, d'où il tire fon arrofement; il laiffe courir l'eau, laquelle en fuivant la pente naturelle du terrain, va fe rendre dans l'endroit le plus bas, c'eft-à-dire,
dans l'Etang, & ainfi d'un autre ; enforte
que tous ces courans d'eau raffemblés,
feroient capables feuls de former plufieurs
Etangs. Si les Habitans d'Iftres avoient voulu empêcher que ces eaux fe rendiffent dans
leur Etang , ils n'avoient qu'à dériver du
Canal de Craponne la quantité précife
d'eau qu'il en faut pour fertilifer leur terroir;
ou ce qui étoit encore plus fimple & plus
fûr, ils n'avoient qu'à ne point tirer de branches de ce Canal , & renoncer aux arrofe-

* Endroits par où les rigolles d'arrofemens dérivent
les eaux du Canal , & qui au lieu d'être faits felon les
régles de l'Art & fermés avec des vannes , &c. ce font
de fimples ouvertures que l'on bouche ordinairement
avec de la terre.

H iij

mens; mais comme le dommage que quelques particuliers souffrent par l'étendue de cet Etang, que le superflu des eaux a grossi, n'approche point à beaucoup près de la dixiéme partie des avantages que ce Canal procure aux Habitans en général, on ne doit point être surpris s'ils ont pris le parti de sacrifier un petit profit en faveur d'un grand; & si à cette observation on ajoute le bénéfice qu'ils retirent de la pêche des Moules, depuis que l'Etang est parvenu au point où il est aujourd'huy, on peut assurer, sans se tromper, que cet objet est pour eux si considérable, que s'il avoit pû être prévû d'avance, on auroit dû tirer du Canal de Craponne la branche dont il s'agit pour former cet Etang, quand même on auroit compté pour rien les avantages des arrosemens.

A l'égard de la vuidange ou Canal de communication dont je viens de parler, il faut sçavoir que comme divers courans d'eau dégorgent continuellement dans cet Etang, on a été obligé de leur donner une issue, & de percer pour cet effet, une hauteur épaisse d'environ 250 toises, à travers de laquelle on a ouvert un Canal qui communique les eaux de cet Etang à celles de l'Etang de Berre; si ce Canal de communication étoit plus large & plus haut qu'il n'est, on auroit pû joindre par ce moyen à tous les avantages que le Canal de Craponne procure à Iſtres , celui que les Habitans de ce Village auroient encore retiré d'une libre & aiſée navigation avec l'Etang de Berre, cet élargiſſment , n'eſt pas auſſi difficile ni auſſi couteux que l'on pourroit bien s'imaginer.

Enfin, on feroit preſque tenté de croire que les Auteurs de la difficulté à laquelle je répons dans le détail, moins pour le poids de la difficulté elle-même , que pour autres conſidérations, ont leurs raiſons pour traiter plus rigoureuſement le Canal de Provence que celui de Craponne. Selon eux , celui-ci ne perd qu'une partie des eaux de l'une de ſes branches aux environs de ſon embouchure, tandis que celui-là , quoiqu'il doive être nourri par la même Riviere , conſtruit dans la même Province, & exécuté avec plus d'entente & de ſolidité , eſt condamné à perdre toutes les ſiennes avant que d'arriver au milieu de ſa courſe ; un pareil raiſonnement laiſſeroit preſque croire que ſes Auteurs craignent que le Canal de Provence ne nuiſe à leur intérêt particulier , que celui de Craponne leur procure quelque avantage conſidérable, ou ſi ce n'eſt rien de tout cela , qu'ils mépriſent le Public au point de prétendre lui perſuader des choſes qui ſont démenties par le bon ſens & l'expérience, & qu'ils le croyent incapable de faire réfléxion, que malgré la filtration dont ils parlent, le Canal de Craponne n'en eſt pas moins une entreprife avantageufe pour la Province, puifque c'eft par le moyen des arrofemens que l'on tire de ces eaux , qu'ont été enrichis tous les lieux qui en ont profité , & qui font aujourd'huy fi différens de ce qu'ils étoient autrefois; tels font ceux de Peliffanne, d'Aiguieres, de Grands, de Saint Chamas , d'Iftres, & tant d'autres qui fervent de preuves certaines de ce que l'on vient de dire: car il n'y a nulle comparaifon à faire entre la partie de leur terroir qui eft arrofée , avec celle qui ne l'eft point; par exemple, les Oliviers qui font plantés dans celle - ci font toujours petits & ne donnent ordinairement que de petits récoltes ; au lieu que ceux que l'on voit dans la partie inférieure au cours du Canal & qui font arrofés, font quatre fois plus grands, donnent une abondante & affurée récolte tous les ans, & leur fruit n'eft jamais verreux.

Je ne me laffe point d'envifager la difficulté faite au fujet de la filtration, de tous les biais, & d'y repondre; je trouve mon compte à ce détail : on peut donc encore alléguer, en fuppofant toujours réelle la perte d'eau attribuée à une des branches du Canal de Craponne, qu'il peut arriver de même qu'une des branches du Canal de Provence laiffe auffi échaper une partie de fes eaux, & que cette perte fera d'autant plus grande, que le courant des eaux de ce Canal fera plus fort, que ne l'eſt celui du Canal de Craponne; j'accepte pour un moment la comparaiſon, mais du moins il n'arrivera jamais, comme à l'égard de ce dernier Canal, que ces eaux filtrées forment des Etangs, puiſque dans toute la longueur du cours du Canal de Provence, il n'y a point de ſuperficie de terrain qui ſoit auſſi enfoncée & qui ſoit ſans vuidange, comme celle qui ſert de lit à l'Etang d'Iſtres; les eaux qui pourront pénétrer à travers le lit & les bords du Canal d'Aix & de Marſeille, n'auront d'autre chemin à ſuivre que celui de ſe rendre dans la Durance; c'eſt-à-dire celles qui filtreront au commencement de ſon cours, dans la Riviere de l'Arc, celles qui fuiront aux environs d'Aix dans la Mer lorſqu'elles ſeront arrivées au terroir de Marſeille, & généralement dans tous les torrens qui ſe rencontreront inférieurs à leur cours pendant toute la route qu'il doit parcourir; & ſi les Canaux naturels qui recevront ces eaux filtrées ne les conduiſent point juſqu'aux Rivieres, à la Mer, & aux Torrens, elles formeront tout autant de ſources dont les Propriétaires des Domaines où elles paroîtront, profiteront gratuitement, mais jamais d'Etangs, parce que la choſe eſt impoſſible.

On peut néanmoins aſſurer que peu de perſonnes auront de l'eau du Canal par ce moyen, parce qu'il ſera facile d'y pourvoir, ainſi qu'on l'a dit ; & quand même l'eau de la Durance ſeroit auſſi clarifiée que celles des ſources les plus épurées qui ſont conduites dans de ſimples foſſés , ſans pourtant qu'elles filtrent, le Canal de Craponne lui-même , n'eſt-il pas , en une infinité d'endroits , ſoutenu ſur des penchans ; & ſes Chauſſées, pendant une partie de ſon cours, ne ſont-elles pas faites avec du ſimple terrain ? Cependant , ſes eaux n'échapent en aucun endroit ; car ici j'abandonne la comparaiſon que j'avois acceptée pour un moment , puiſque j'ai démontré que jamais l'Etang d'Iſtres n'a été nourri ni formé par une filtration des eaux , mais par la négligence des Habitans de ce lieu , qui ne ferment point les Eſparciers.

Que ſi l'on demande d'autres exemples , pour prouver combien eſt chimérique la crainte où l'on doit être , ſelon les Auteurs de l'objection, que les eaux du Canal de Provence n'arrivent jamais à Aix; j'en ai bien de poſitifs à alléguer , je n'en rapporterai cependant qu'une partie. J'ai vû que pluſieurs milliers de toiſes de longueur du cours du Canal d'arroſement & à Moulins de la Ville de Pertuis tiré de la Durance, ſont établies ſur des penchans preſqu'eſcarpés & formés d'un côté par une mince & haute Chauſſée de ſimple terrain , qui cependant ne perd point d'eau ; je trouve un grand nombre d'autres Canaux d'arroſemens

& à Moulins, conſtruits dans la Province, tirés auſſi de la Durance & ſoutenus en pluſieurs endroits de leur cours , ſur de pareils penchans qui ne laiſſent échaper aucune eau.

Je trouve que les Canaux qui ſont tirés des Rivieres de Bleoune & de Verdon, ne perdent point celles qu'ils reçoivent, ſoit que leur cours ſoit en plaine ou ſur des penchans ; on pourroit même, par-mi ces derniers Canaux, citer celui dont la ſource eſt dans le Bleoune, au - deſſous de Maligeac, du côté des Mées, lequel eſt établi pendant une très-grande longueur ſur une rive eſcarpée, & a ſon bord infé-rieur épais de quelques pieds ſeulement , formé par un terrain très - léger & grave-leux en général ; cependant malgré tout cela, il n'eſt pas pénétré par les eaux ; je pourrois encore citer cent autres exemples, ſi je n'étois très-perſuadé que le Canal que je propoſe, n'eſt pas le premier ouvrage de cette nature qui ait été exécuté, & que le terrain par où il ſera conduit, n'eſt pas d'une pire condition que celui par où l'on a fait paſſer tant d'autres Canaux dans la même Province & ailleurs ; ainſi ce que j'ai dit eſt plus que ſuffiſant pour dé-truire une objection qui mérite ſi peu ce nom & qui eſt ſi frivole, que je crois pou-voir dire encore une fois, que ce n'eſt point pour elle-même que je m'y ſuis tant arrêté,

& ajouter que ſi ceux qui l'ont enfantée &
qui ont pris tant de ſoin dans le précédent
mois de Janvier, pour l'accréditer à Paris,
ſont gens éclairés, & qu'ils n'ayent rien de
mieux à dire contre le Canal projetté, cela
ſeroit une nouvelle preuve de l'excellence
de cette entrepriſe.

Sixiéme objeƈtion : les arroſe- mens des eaux de la Durance, demandent beaucoup de fumier. La ſixiéme objeƈtion conſiſte en ce que
les arroſemens qui ſe feront par le moyen
des eaux du Canal de Provence, maigri-
ront les terres & conſommeront beaucoup
de fumier, parce que les eaux de la Durance ſont ordinairement chargées de ſable,
de gravier & de limon.

Cette objeƈtion eſt un peu mieux fondée que celle que je viens de diſcuter. Je
ne ſerai pourtant pas ſi long à la réſoudre
que je l'ai été pour répondre à la premiere;
mais avant tout, il faut remarquer que ceux
qui la font étant les mêmes qui ont formé & qui entretiennent avec tant de ſoin
celle de la filtrarion, ils n'ont pas fait ſans
doute attention qu'en propoſant celle-ci,
ils détruiſoient abſolument l'autre, à moins
qu'ils ne vouluſſent ſuppoſer que les eaux
du Canal de Provence, ſeront en même
tems & plus claires que ne le ſont ordinairement les eaux de ſource, & extrême-
ment ſablonneuſes : plus claires, afin de
pénétrer à travers un terrain qui ne laiſſe
pas filtrer les eaux de ſource ; & ſablonneuſes, pour amaigrir les terres au lieu de
les fertiliſer

En réponfe, je dis en premier lieu, que les arrofemens faits avec les eaux du Canal de Craponne ont enrichi, ainfi qu'on l'a obfervé, les lieux qui font à portée d'en profiter : c'eft un fait de notoriété publique; ainfi point de crainte que les terres foient plutôt amaigries que fertilifées. Je dis en fecond lieu que quoique le Canal de Provence doive prendre fa fource à la même Riviere où le Canal de Craponne prend la fienne, il y aura pourtant de la différence entre les arrofemens des deux Canaux; ceux du premier feront infiniment fupérieurs, la raifon en eft bien fimple; le Canal de Craponne a la prife de fes eaux établie au hazard, fans intelligence, fans folidité, au milieu du vafte gravier qui fert de lit à la Durance dans fes débordemens, au bord le plus méridional de l'un de fes courans, & en un endroit, par conféquent, où l'eau n'a que peu de profondeur; & charrie avec elle beaucoup de fable & de gravier; auffi à chaque crue d'eau, il faut la rétablir, & on le fait toujours avec auffi peu de folidité. La prife des eaux du Canal de Provence fera établie à travers un folide rocher, contre lequel le courant de la Riviere choque perpétuellement, & par un tournoyement inévitable, il a emporté tout le fable & le gravier des environs, enforte qu'il n'y refte qu'une grande profondeur d'eau & du rocher dur de toute part : le Canal de Craponne a peu de profondeur; il a une pente rapide & reçoit en divers endroits les eaux de la pluie qui tombent sur les terres voisines & supérieures à ses bords; le Canal de Provence aura beaucoup de profondeur, la pente de son lit sera ménagée & ne recevra d'autre eau de la pluie, que celle qui tombera perpendiculairement sur la superficie de son courant; on pratiquera même dans les endroits nécessaires des Marteliers ou Vannes, pour pouvoir récurer sans beaucoup de dépense & en peu de tems, les endroits de son cours qui en auront besoin, ce qui arrivera bien rarement, excepté pendant quelques lieues de longueur du côté de la dérivation des eaux.

Il seroit inutile de pousser plus loin le parallele, en voila assez pour faire voir que les arrosemens du Fossé de Craponne, ne sçauroient jamais approcher de ceux qui se feront au moyen du Canal de Provence, puisqu'à certaine distance de la Durance, les eaux de ce dernier Canal auront naturellement & nécessairement déposé le sable dont elles seront souvent chargées à sa naissance, & n'emporteront ensuite avec elles que la vase & le limon qui engraisse les terres plutôt que de les amaigrir, & qui est très-propre, comme l'on a dit, à boucher les pores du terrain le plus pierreux.

Observation sur la dépense d'eau de ce Canal. Avant que d'examiner séparément chaque Article de produit du Canal, je dois répondre à ce que quelques personnes ont dit, que la dépenſe de ſon eau ne pourra jamais ſuffir pour mettre en valeur tous ces différens objets de revenu.

Je conviens d'abord , que ſi la dépenſe d'eau du Canal eſt moindre qu'on ne l'eſpére , il n'eſt pas douteux que le profit des Propriétaires n'en ſouffre une diminution proportionnée ; mais par la même raiſon, on doit convenir auſſi , que ſi le Canal fournit un volume d'eau plus conſidérable que celui ſur lequel on a fondé ſes revenus, il en procurera de plus grands & toujours en même proportion que l'eau qu'il fournira.

Dans les ouvrages que j'ai donnés ſur mon projet , avant que la Compagnie des Propriétaires eut fait imprimer celui dont je parle en la page 65 , je ne fixois la dépenſe d'eau du Canal, par chaque minute, qu'au-deſſous de cent mille *canons d'un denier , meſure uſitée en Provence , & que j'ai dit ci-devant être égale à un demi pouce ordinaire d'eau ; plus, un quatorziéme de ce demi pouce :* ce qui m'avoit obligé d'en agir ainſi , ce n'étoit point que je ne fuſſe auſſi aſſuré que je le ſuis aujourd'huy que ce Canal en fournira beaucoup plus, indépendamment de l'augmentation qui ſera occaſionnée par celle qui eſt déterminée dans les offres des Entrepreneurs de faire aux dimenſions des premieres dix milles canes du cours du Canal ; mais je ne me réduiſois

à ce nombre, que parce que je le trou-
vois fuffifant pour établir affez de revenu
aux Auteurs de cette Entreprife, n'igno-
rant point qu'il eft quelquefois néceffaire
de ne pas éblouir le Public par des objets
immenfes, quoique réels, & que l'on voit
fouvent naître la méfiance des grandes pro-
meffes, par cela feul, qu'elles font trop
grandes, fans qu'on veuille examiner leur
réalité : mais puifque le profit réfultant de
ce moindre nombre de canons d'un denier
d'eau, n'a pas laiffé d'exciter la critique
de certaines perfonnes, qui n'ont cru pouvoir les diminuer qu'en infinuant que ce
Canal ne dépenferoit pas une fi grande
quantité d'eau, cela me met en droit de
prouver par des opérations exactes, que le
Canal fournira, non-feulement cette quantité, mais une infiniment plus grande ; ce
détail fervira à juftifier en même tems,
que le Canal fera d'un grand revenu ; que
l'objection dont il s'agit eft avanturée, &
que fes Auteurs ont fourni un moyen affuré pour démontrer que ce revenu fera
beaucoup plus confidérable que je ne l'a-
vois fuppofé auparavant. Voici en quoi
confifte leur objection.

On a prétendu qu'en calculant le volume
d'eau que le Canal dépenfera, d'après l'expérience de M. Picard de l'Académie des
Sciences, fi connu par fa mefure de la terre
& par fon exactitude dans fes opérations,

raportée

rapportée par M. de la Hire, membre
de la même Académie, il n'étoit pas
poffible qu'il fournit, à beaucoup près,
autant d'eau qu'on le fuppofoit. Je me
garderai bien de recufer un Juge tel que
M. Picard, ni d'attaquer l'expérience qu'il
a faite; je veux au contraire m'y rapporter entiérement, & adopter les principes
de ce grand Homme; c'eft avec ces mêmes armes que je fuis affuré de détruire l'ob-
jeétion & de démontrer, que loin que le
Canal dépenfe moins d'eau par minute, il
en fournira une quantité beaucoup plus
grande que je ne l'avois établi dans mes
premiers Ouvrages.

Mais pour faire cette opération, il eft
néceffaire de rapporter l'expérience de M.
Picard, telle qu'on la trouve dans fon Traité
du nivellement mis en lumiére par M. de
la Hire. *

« A la tête de la Riviere de Biévre, que
» l'on appelle autrement des Gobelins, il y
» a deux grandes plaines, l'une au-deffous
» de Trape & l'autre au - deffus du Bois
» d'Arcy, dont les eaux s'écoulent par
» deux gorges affez étroites, que l'on pour-
» roit fermer pour faire deux Etangs con-
» fidérables; mais il s'agiffoit de fçavoir fi

Expériēce rapportée par M. de la Hire, d'a- près M. Pi- card.

* Traité du nivellement par M. Picard, avec une
Relation de quelques nivellemens faits par ordre du
Roy ; & un Abrégé de la mefure de la terre, du même
Auteur, mis en lumiére par M. de la Hire. In-12,
Paris, 1718.

I

» les eaux de ces Etangs auroient affez de
» hauteur pour être conduites au Château
» de Verfailles, ce qu'il importoit d'autant
» plus de bien connoître, qu'il falloit percer
» la Montagne de Sataury, pour les faire
» paffer. . . . . .

» On éleva les Chauffées des Etangs,
» on travailla à la conduite, & l'on fit en
» même tems un Aqueduc long de 750
» toifes, au travers de la Montagne de Sa-
» taury, à quatorze toifes au-deffous du plus
» haut terrain ; le tout fur la bonne-foi des
» nivellemens qui fe font enfin trouvés fi
» juftes, qu'après avoir mis de l'eau dans
» l'Etang de Trape, & qu'elle a été lâchée
» dans la conduite ou rigolle, il eft arrivé
» que cette eau, étant en repos, s'eft trou-
» vée à l'entrée de la Montagne de Sataury,
» haute de trois pieds, lorfqu'elle étoit à fleur
» du feuil de l'Etang de Trape, comme
» on avoit déterminé par les nivellemens.

» Il ne fera pas hors de propos de remar-
» quer ici que l'eau de l'Etang de Trape
» étant lâchée avec une charge de trois
» pieds, employe quatre heures de tems à
» faire quatre mille toifes de chemin, avec
» trois pieds de pente ; mais ce qui eft encore
» plus confidérable, c'eft qu'après que les
» tuyaux de conduite eurent été placés de-
» puis l'entrée de la Montagne de Sataury,
» jufqu'au-deffus de la grotte de Verfailles,
» Sa Majefté faifant faire le premier effay

» de ces eaux, eut le plaifir de voir qu'elles
» fortoient avec tant de force, qu'il n'y
» avoit pas lieu de douter qu'elles n'euffent
» pû monter beaucoup plus haut, confor-
» mément aux nivellemens qui en avoient été
» faits, en defcendant de deffus la grotte; Elle
» témoigna à M. Picard qu'elle étoit fort
» contente ».

Telle eft cette expérience, qui va fervir
de bafe à nos calculs, * & à laquelle je
joindrai les obfervations de divers Auteurs,
qui ne font que confirmer celles de M. Picard, & affurer nos opérations.

Pour appliquer maintenant cette expérience au Canal, on doit, conformément
au devis eftimatif des ouvrages, & aux nouvelles obfervations énoncées dans la fou-
miffion des Entrepreneurs, calculer la vîteffe de fes eaux fur la pente moyenne de
25 pouces, par mille cannes & leur volume,
fur la profondeur verticale de 8 pieds, &
la largeur réduite de 21, ce qui formera
un courant, qui, étant coupé perpendiculairement, auroit à l'endroit de fa fection,
une fuperficie de 168 pieds ou de 24192
pouces quarrés, ou de 30789 pouces ronds
& 9 onziémes.

Si l'eau de l'Etang de Trape, lâchée
avec une charge de trois pieds, employe
quatre heures de tems à faire 4000 toifes

* J'ai fait ces calculs avec M. Fauvel, le même dont
il eft parlé ci-devant.

de chemin par une pente de 36 pouces, on doit être affuré que l'eau de la Durance étant lâchée avec une pareille charge, en même volume & par une femblable pente, employera auffi quatre heures pour faire un chemin de quatre mille toifes de longueur; & que dans cet efpace de tems, le volume d'eau que contiendra cette partie du Canal, fera vuidé entiérement : or comme un tel volume long de quatre mille toifes, large de 21 pieds & haut de huit compoferoit 18666 toifes cubes d'eau & deux tiers, qui feroient renouvellées dans quatre heures de tems, il s'enfuivroit que cette partie du Canal dépenferoit dans une heure le quart de cette quantité, & dans une minute la foixantiéme partie de ce quart, c'eft-à-dire, en réduifant les toifes en pouces d'eau, 42 mille pouces ordinaires, ou 78 mille 400 canons d'un denier.

Dépenfe d'eau du Canal, fi la pente de fon lit étoit auffi médiocre que celle du petit Canal dont parle M. de la Hire.

Obfervation.

On trouvera toujours la même dépenfe d'eau, quelque longueur que lon fuppofe au Canal ; ainfi il eft indifférent de faire ces calculs fur celle de quatre mille toifes ou fur celle de près de 39 mille egales à 38 mille 207 cannes, qui font la longueur du cours du Canal, depuis la Durance jufqu'en-deçà de la Ville d'Aix ; ou enfin, fur celle de 68 mille 455 cannes, ou de près de 70 mille toifes ; longueur totale de ce Canal, depuis fa naiffance jufqu'à fon embouchure dans la Mer.

133

L'expérience de M. Picard eſt conforme
aux calculs de M. Mariotte, * puiſque ſi
on multiplie, comme le preſcrit cet Auteur, 21 pieds, largeur moyenne du Canal, par 8 pieds, hauteur perpendiculaire
de ſon courant, & le produit 168, par un
pied & deux tiers, vîteſſe pareille à celle
du petit Canal de M. Picard, par chaque
ſeconde, on trouvera que le Canal dépenſera dans le même tems 280 pieds cubes
d'eau, & dans celui d'une minute, 16800,
qui peſent un million 176 mille livres,
poids de marc, leſquelles étant diviſées
par 15 livres, égales à un denier d'eau,
on aura pour quotient 78400 deniers,
comme dans le précédent calcul.

On pourroit peut-être objeĉter que la
charge de 3 pieds qu'avoit l'eau, ſelon l'expérience de M. Picard, rendoit la dépenſe
plus conſidérable que ne le ſera celle du
Canal ; mais cette objeĉtion ceſſe ſi on fait
attention que la ſurface des eaux de la Durance, à Canteperdrix, ſera, dans le tems
des plus grandes ſéchereſſes, ſupérieure de
4 pieds à la ſuperficie de celles du Canal,
à la naiſſance, comme cela eſt déterminé
dans le devis eſtimatif des ouvrages, &
dans les offres des Entrepreneurs.

Il ſeroit inutile d'obſerver que les meſures

* Traité du mouvement des eaux par M. Mariotte,
Edition de Paris. In 12. 1700. Pages 32, 33, 277 &
ſuivantes.

qu'on prendra pour mettre le Canal à l'abry des inondations de la Riviere, le garantiront pareillement des furverfemens qu'on auroit à craindre fans cette précaution : ainfi, la charge qu'auroient les eaux du Canal, dans cette premiere partie, compenfe bien au-delà celle dont il eft parlé dans l'expérience.

J'ajoute même que le choc & l'impulfion du courant de la Durance, à l'endroit de la dérivation des eaux du Canal, & la plus grande pente que l'on donnera à fon lit, pendant les premieres 600 toifes de longueur de fon cours, & qui fera indépendante de celle de quatre pieds dont on a fait mention, ne laiffent aucune parité entre la charge de 3 pieds de l'Expérience, & celles qu'auront les eaux du Canal, enforte que c'eft beaucoup favorifer l'Auteur de l'objection, que de fuppofer que tous ces avantages ne feront que compenfer la preffion de 3 pieds de M. Picard.

Obfervations effentielles. Mais pour que cette quantite de 78400 canons d'eau fût feulement celle que fournira le Canal, par minute, il faudroit que la pente que l'on donnera à fon lit, depuis la Durance jufqu'à Aix, ne fût que de 29 pieds & un quart, c'eft-à-dire, de 9 pouces par mille toifes, comme dans l'Expérience rapportée par M. de la Hire, au lieu que celle qui fera diftribuée dans cette longueur, fera de 80 pieds, outre qu'elle pourroit être augmentée de plufieurs toifes, fi on le croyoit néceffaire, fans que cela expofât à aucun inconvénient qui méritât la moindre attention ; réfléxion qui fape au fondement toute objection contre la dépenfe d'eau du Canal.

Les vîteffes, & par conféquent les quantités d'eau fournies en tems égaux, dans deux différens Canaux, font l'une à l'autre en même raifon, que les racines quarrées des pentes ou des hauteurs ; c'eft-à-dire, que fi un Canal a 9 pouces de pente par mille toifes, comme celui de M. Picard, & qu'un autre en ait 25, comme celui de Provence, la quantité d'eau que fournira le premier, fera à celle qne fournira le fecond, comme 3 (Racine quarrée de 9) eft à 5. (Racine quarrée de 25.)*

La pente détermine la viteffe, & la viteffe détermine la dépenfe d'eau.

Il eft donc évident, que fi le Canal de M. Picard, avec 9 pouces de pente par mille toifes, doit (en fuppofant pour un moment fes dimenfions égales à celles du Canal de Provence) fournir 78400 cannes d'un denier d'eau, celui de Provence, qui aura 25 pouces de pente dans une égale

Un Canal qui dépenfe 78400 cannons avec 9 pouces de pente , en dépenfera 130666 deux tiers avec une pente de 25.

* Traité du mouvement & de la mefure des eaux coulantes & jailliffantes, tiré des Ouvrages de feu M. de Varignon par M. l'Abbé Pujol. in-4°. Édition de Paris, 1725. Pages 52, 59, 62. Theor. 12, 13, 14 , &c.

Mouvement des eaux, par M. Mariotte. Pages 185, 217 , &c,

Architecture hydraulique, par M. Bélidor, premier Volume , pages 170 , 171 , 174, 181, 187, 240, 243 , 252 , &c.

diſtance, en fournira les deux tiers en ſus; tout le reſte étant égal , c'eſt-à-dire, qu'il dépenſera, dans ce cas, 130666 canons d'un denier & deux tiers d'eau par minute.

Si on joint à l'avantage d'une plus grande pente, celui que l'on tire des différentes groſſeurs des deux volumes d'eau, c'eſt-à-dire, de celle qui eſt en petite quantité, renfermée dans les bornes étroites d'un tuyau ou d'un petit conduit ouvert, & de celle qui eſt en grand volume dans un Canal ſpacieux, comme celui que je propoſe, on ne pourra diſconvenir que cette quantité de 130666 canons & deux tiers ne ſoit infiniment au-deſſous de celle que dépenſera par chaque minute ce Canal, & qu'il n'y a nulle comparaiſon à faire, non-ſeulement entre la vîteſſe d'un grand courant d'eau, & celle d'un très-petit, quoique par une même pente, mais encore entre la vîteſſe d'un grand courant, tel que celui du Canal, & celle d'un courant médiocre, qui ſeroit cependant vingt fois plus grand que celui que l'on a cité pour exemple. Pour en êtré convaincu, il n'y a qu'à faire attention que la vîteſſe qu'a l'eau de la Durance (& celle de toute autre Riviere) dans les tems de ſéchereſſe eſt infiniment moins grande que celle qu'elle a dans le tems que cette Riviere eſt enflée; dans le premier cas, la Durance eſt une Riviere qui a une grande pente & qui roule

Diverſes conſidérations qui prouvent que le Canal dépenſera bien au deſſus de ces 130666. deux tiers çanons d'eau.

ſes eaux avec beaucoup de vîteſſe ; dans le ſecond , cette Riviere qui n'a cependant que la même pente, eſt un torrent ſi impétueux, & roule ſes eaux avec tant de violence & de rapidité, qu'elles arrachent, renverſent & emportent tout ce qui ſe trouve ſur leur paſſage.

Pour juger de la ſolidité de cette obſervation, on n'a qu'à raporter celle qu'a faite M. Mariotte, en la page 32 de l'Ouvrage que je viens de citer ; cet Auteur dit que lorſque la Riviere de Seine eſt dans ſa moyenne grandeur, la vîteſſe de ſes eaux eſt d'environ 150 pieds, dans un tems qu'il détermine, & que dans un même eſpace de tems, elle eſt de 250, quand les eaux ſont en leur plus grande hauteur, c'eſt-à-dire, que la dépenſe d'eau du Canal ſeroit de 217777 canons & 7 neuviémes, au lieu de 130666 & 2 tiers dont je viens de parler ; puiſque 130666 & 2 tiers eſt à 217777 & 7 neuviémes, comme 150 eſt à 250. Mais ſi la vîteſſe des eaux de la Seine, lorſque cette Riviere eſt dans ſa moyenne grandeur eſt ſi fort au-deſſous de celle des mêmes eaux lorſqu'elle eſt enflée, quelle différence n'y aura-t-il pas entre la vîteſſe de l'eau du petit conduit ou Canal de M. Picard, & celle du courant du Canal de Provence : la différence du volume d'eau de la Seine, dans les deux précédens cas, ne ſçauroit guére être que de un à deux, tandis que celle qu'il y a entre le volume d'eau du petit Canal dont je viens de parler, & le volume d'eau du Canal de provence, est comme de un à quatre-vingt-quatre, en suppofant même, pour un moment, que le tuyau dont parle M. Picard, fût un Canal ouvert, affez grand pour contenir un courant d'un pied de hauteur, fur deux de largeur; ainfi nulle comparaifon à faire, à moins qu'on ne veuille ajouter à la démonftration évidente, que fuivant l'expérience de cet Académicien, la dépenfe d'eau du Canal de Provence fera beaucoup plus grande que celle fur laquelle j'ai fondé fes revenus; en effet, quand j'applique à ce Canal l'obfervation de M. Mariotte, & qu'au lieu de fupputer fur la différence de 1 à 2, pour le volume du courant de la Seine, je fais cette fupputation, fur celle de 1 à 84, ou fi l'on veut, fur celle de 2 à 42, & qu'en conféquence, je détermine la vîteffe du courant du conduit de M. Picard, & celle du courant du Canal de Provence, je trouve que la dépenfe d'eau de ce Canal, eft fi au-deffus de 400 mille canons d'un denier par minute, que je n'ofe mettre ici le réfultat de mon calcul; parce que je ne puis, par exemple, fuppofer cette dépenfe d'eau plus forte de 300 mille canons, fans fuppofer en même tems, que la Compagnie des Propriétaires arrofera environ 100 mille arpens de terre de plus que je ne l'ai établi

en la seconde partie; c’eft-à-dire, fans augmenter confidérablement, des revenus que
l’on trouve trop grands ; c’eft aufli pour ne
pas trop les groffir que je calcule fur des
dimenfions moindres que ne feront en effet
celles du Canal, pendant les premieres
dix mille toifes de fon cours, & que je fup-
prime la preuve, que les frottemens de l’eau
contre les parois du conduit de l’Expérience, ont fi fort retardé la vîteffe de cette
eau, qu’elle a employé, pour parcourir
4000 toifes de chemin, beaucoup plus de
tems qu’il en auroit fallu à un volume d’eau
qui auroit été beaucoup plus grand, quoiqu’il n’approchât pas de celui du Canal
de Provence, & que fa vîteffe fût infiniment moindre que celle des eaux de ce
Canal.

Ce qui occafionne cette différence de *Refléxion*
vîteffe & de dépenfe d’eau, & qui fait que *qu’on peut*
la proportion n’eft pas naturellement gardée *joindre aux*
entre deux Canaux de grandeur différente, *précédentes.*
quoique leurs lits ayent une même inclinaifon, eft que les petits orifices ayant plus de
circonférence, & par conféquent plus de
frottement à proportion que les grands,
l’écoulement & la dépenfe d’eau font d’autant plus retardés, que ce frottement eft plus
confidérable. * Les circonférences des différentes ouvertures, ne font l’une à l’autre

* Mariotte, page 259. 260. Bélidor, premier volume, page 205.

que selon la raison des diamétres, au lieu que les eaux qu'elles donnent, sont en raison doublées des mêmes diamêtres.

« Quoique je donne ici (dit M. de la » Hire, page 160 *) deux pouces de pente » par cent toises, ce n'est pas que je ne » sçache bien qu'on a des expériences très- » certaines qu'un pouce de pente, par cent » toises, peut suffire pour conduire de l'eau; » mais ce n'est peut-être que lorsqu'il y en a » une grande quantité, comme dans une » Riviere : moins on a d'eau à conduire, » & plus il faut de pente, à cause que l'eau » est retardée par les frottemens du Ca- » nal qui la renferme ; c'est aussi pour » cette même raison, qu'il faut beaucoup » plus de pente pour conduire l'eau dans » un tuyau que dans un Canal découvert.

Quoique ce qui vient d'être dit, doive suffire pour faire voir que l'eau que le Canal de Provence recevra & fournira par chaque minute, sera en beaucoup plus grande quantité qu'on ne l'a supposé, je rapporterai néanmoins encore quelques observations des Auteurs que j'ai cités, afin d'ajouter de nouvelles preuves à ce qui vient d'être clairement démontré.

Observa-tion de M. Mariotte. M. Mariotte, aux pages 279 & 280, de l'Ouvrage que j'ai cité, trouve qu'une

*Ecole des Arpenteurs. Pratique de Géométrie. Abrégé du nivellement. Propriété des Eaux , &c. in-8°. 1689.

ouverture d'une toife quarrée, furmontée de cinq pieds d'eau, en dépenferoit par minute 82 mille 930 pouces ordinaires, c'eft-à-dire, 154 mille 802 canons d'un denier deux tiers.

En calculant de la même façon qu'auroit fait cet Académicien, * s'il n'avoit pas *Appliquée* eû la charge de 5 pieds d'eau, c'eft-à-dire, *au Canal.* en fuppofant que la furface de celle du Canal, fera à fa naiffance, au niveau de la fuperficie de celles de la Durance, dans les tems de féchereffe, & en continuant de calculer fur les dimenfions réduites de huit pieds de haut fur 21 de large, déterminées au volume de l'eau du Canal, on trouvera qu'il dépenfera par chaque minute, plus de 500 mille canons d'un denier d'eau.

Afin que tout le monde foit en état d'appliquer, au fujet dont il s'agit, l'autorité que je viens de rapporter; je rappellerai encore ici ce que j'ai obfervé ci-devant, c'eft-à-dire, que la pente moyenne qu'aura le lit de ce Canal, dans les premieres 62 mille 114 cannes de longueur de fon cours, fera de 25 pouces par chaque mille cannes, & qu'on n'a aucun égard à ce que dans le refte de la longueur du cours du Canal, c'eft-à-dire, pendant l'efpace de 6341

---

* Voyez pour ce calcul les pages 245. 247. 248. 263. 279. 280, &c. du mouvement des eaux de M. Mariotte ; & la page 66. & autres, de celui de M. de Varignon.

cannes, cette pente fera de plus de 450 pieds. Je ferai feulement remarquer que cette pente moyenne de 25 pouces par mille cannes, fera beaucoup plus confidérable encore du côté de la prife des eaux du Canal; & pendant, une affez grande longueur en-deffous, comme on la déterminé, que l'impulfion & la preffion du courant de la Riviere communiquera beaucoup de vîteffe à celui du Canal, & que cette vîteffe, qui diminueroit infenfiblement & jufqu'à un certain point pendant une médiocre diftance, par les frottemens, s'il s'agiffoit d'un volume d'eau moins confidérable, & qu'il eût une moindre pente, fera confervée, & ces frottemens compenfés avec avantage, au moyen des fréquentes faignées qui feront faites le long du cours du Canal; parce que ces faignées ou rigolles de dérivation, en rabaiffant à l'endroit d'où elles feront tirées, & conféquemment en-deffous, la furface de fes eaux, & cette furface étant réhauffée par l'abondance de celles de la Durance & par celles qui feront introduites en plus grande quantité qu'ailleurs, dans les premieres dix mille toifes de Canal, augmenteront la vîteffe, & par conféquent, la dépenfe des eaux de fon courant. Toutes ces confidérations paroiffent fi effentielles, qu'on doit convenir que ce Canal recevra, non-feulement les 500 mille canons d'eau dont on vient de parler; mais même une plus grande quantité.

Les calculs de M. Bélidor, font affez conformes à ceux des précédens Auteurs; il dit, dans fon Architecture hydraulique, volume premier, page 216, en parlant de la maniére de mefurer la dépenfe d'eau »d'un pertuis vertical, dont le fommet »répond au niveau de l'eau, qu'un tel per-»tuis ayant une largeur de 4 pieds, fur »la hauteur de 13 pieds un pouce 6 lignes, »par conféquent, une fuperficie de 52 »pieds 6 pouces,dépenfera par feconde 982 »pieds cubes 2 pouces 3 lignes d'eau, ce qui »reviendra par minute à 147 mille 300 »pouces ordinaires, qui équivalent à 274 »mille 960 canons d'un denier».

Obferva-tion de M. Bélidor.

En appliquant au Canal, le calcul de M. Bélidor, & en continuant de fuppofer que le volume d'eau de ce Canal, à fa naif-fance, fera feulement de 8 pieds fur 21, & que la furface de fon courant, en cet en-droit, fera au niveau de celle du courant des eaux de la Durance, quand cette Riviere eft baffe,on trouve que le Canal recevra par cha-que minute, 686 mille 980 canons d'un de-nier d'eau, qui feroient réduits à 480 mille 886, fi on devoit avoir égard à ce qui eft dit aux pages 205, 206 du même Volume, fur la maniére d'eftimer les déchets ou di-minution de dépenfes d'eau, caufées par les frottemens aux bords des orifices; mais

Calcul fait d'après ce-lui de M. Bélidor.

on doit ne point admettre, ou n'admettre qu'en partie, cette réduction; parce que cet Auteur dit, en la page 222, que: « Lorsque les pertuis ont plus d'un pied de » superficie, comme sont ordinairement » ceux des écluses, la dépense (d'eau) ef- » fective ne différant que très peu de la dé- » pense naturelle, on peut se dispenser d'a- » voir égard au déchet; parce que plus ces » pertuis sont grands, & plus leurs circuits » sont petits, par rapport à leurs superficies.

Huitième objection. Les eaux de la Durance sont-elles assez abondantes ? Comme on ne peut se refuser à ce qui vient d'être établi sur cette dépense d'eau; si quelqu'un disoit que celles de la Durance ne sçauroient y fournir & nourrir en même tems le Canal de Craponne, il n'y auroit qu'à rapporter la réponse que MM. les Procureurs du Pays de Provence, de l'année 1737, firent à l'anonime dont j'ai eu occasion de parler, & qui a été peut-être le seul à dire que les eaux de cette Riviere pourroient n'être pas suffisantes. Voici la réponse de ces MM à cet endroit de la Critique, ou du Libelle de l'Anonime. *Dans les plus grandes sécheresses, on passe tou-jours la Durance par le Bacq de Mirabeau, d'où il s'ensuit qu'il restera suffisamment d'eau pour ce Canal (le Canal de Provence) & pour celui de Craponne, &c.* Comme on ne peut plus solidement & en moins de mots, prouver que les eaux de la Durance seront toujours assez abondantes, je pourrois me

passer

paſſer de faire obſerver qu'elles ne diminuent ordinairement que dans les tems de l'année où l'on n'a preſque plus beſoin d'arroſement, & qu'elles groſſiſſent, au moyen de la fonte des neiges, dans les tems que ces arroſemens ſont les plus néceſſaires.

On pourroit ſe paſſer auſſi de faire mention des obſervations qui furent faites le 30 Juin 1724, en préſence de MM. les Procureurs du Pays de ce tems-là, pour connoître la dépenſe d'eau de cette Riviere, dont le lit a une pente moyenne d'environ un pied & demi par chaque cent toiſes de longueur. Voici ce que dit, au ſujet de cette dépenſe d'eau, l'Ingénieur dont j'ai parlé en la premiere partie. « Et après avoir fait » meſurer le lit de la Riviere, entre les » deux rochers de Canteperdrix & de Mi-» rabeau, nous avons trouvé 135 toiſes de » largeur d'un rocher à l'autre; & ſur le » rapport du Patron du Bateau, nous au-» rions reconnu que la Riviere étoit alors » dans ſa moyenne grandeur, enſuite, nous » aurions fait meſurer la largeur de l'eau de » 50 toiſes & d'un cours ſi rapide, que le » plus fort homme n'en peut ſonder la » profondeur dans le fort; mais par les diffé-» rentes ſondes que nous en aurions fait fai-» re dans les autres profondeurs, nous au-» rions conclu que dans ce tems-là, il y » avoit dans ledit eſpace de 50 toiſes de lar-» geur, 4 pieds de profondeur réduite. . . .

K

Dans les mois de Décembre, de Janvier & de Février, c'eſt-à-dire, dans le tems des baſſes eaux de la Durance, cette largeur de 50 toiſes, eſt ordinairement réduite à celle d'environ 30, & la profondeur moyenne du courant, eſt auſſi de 4 pieds, au moins, attendu la direction des eaux vers le rocher de Canteperdrix, laquelle leur conſerve, à peu de choſe près, la grande vîteſſe dont je viens de faire mention, & les tient comme renfermées dans un lit qu'elle a creuſé en partie, & dont la pente, égale à celles des Rivieres les plus rapides, eſt par conſéquent pluſieurs fois plus grande que celle du lit de la Seine. * Ce que je viens de dire ſur la vîteſſe & ſur la groſſeur du volume des eaux de la Durance, me paroiſſant ſuffiſant pour faire voir qu'elles ſont en toute ſaiſon aſſez abondantes pour nourrir tous à la fois, pluſieurs Canaux d'arroſement & de navigation. Je ne groſſirai point cet Ouvrage des calculs que l'on pourroit faire en tout tems d'après les pentes & les dimenſions que je viens de donner, pour déterminer auſſi approchant qu'on le peut en pareil cas la dépenſe d'eau de cette Riviere.

Examen du produit du Canal, en faveur des Propriétaires. Après avoir démontré que le Canal d'Aix & de Marſeille recevra & fournira par chaque minute, beaucoup plus d'eau

* Voyez pour la pente de la Riviere de Seine, la page 160 du Traité du nivellement par M. Picard, ci-devant cité.

que la quantité fur laquelle j'ai ci - devant calculé fon revenu annuel ; je vais, ainfi que je l'ai promis, examiner féparément chaque article de ce produit, afin que l'on voye fi ce que j'ai dit à ce fujet, d'après le Mémoire que la Compagnie a fait imprimer le 16 Avril, eft éxagéré ou non.

Objections de la deuxiéme Claffe.

Pour fuivre l'ordre qui a été obfervé ci-devant en parlant du revenu du Canal, je commencerai l'examen de ce produit par l'article des Ventes d'eau en propriété, c'eft-à-dire, à une fomme fixe le canon d'un denier, * moyennant laquelle l'acheteur pourra à perpétuité l'employer à tel ufage qu'il voudra, excepté pour mettre en mouvement des Moulins & autres Machines.

Examen du premier Article, qui eft la Vente des eaux en propriété.

Pour établir ce premier Article de revenu, j'ai fuppofé d'après le Mémoire du feize Avril, que la Compagnie du Canal vendroit en propriété, autour de vingt mille canons d'un denier d'eau, qui compofent moins de 11 mille pouces ordinaires, & que cette quantité d'eau, laquelle ne formeroit qu'un fort médiocre courant, ayant égard à la pente qu'aura le

---

* J'ai déja dit qu'un Canon d'un denier d'eau, mefure ufitée en Provence eft égale aux quinze vingt-huitiémes parties d'un pouce ordinaire d'eau.

lit du Canal, n'a point pour objet de grands arrofemens, mais feulement l'embelliffe-ment & la commodité des Villes & des Villages, la décoration des Maifons, des Villes & des Campagnes, & la fertilité & l'utilité des Jardins & de quelques petites prairies.

Pour juger fi l'on a exagéré en fuppofant cette diftribution de 20 mille canons d'eau en propriété, j'entrerai dans quelque détail feulement à l'égard de celle qui pourra être ainfi vendue pour Marfeille & fon terroir, ce qui fuffira pour donner une idée approchante du nombre de canons d'un denier d'eau, qui feront vendus en propriété pour tout le refte du cours du Canal.

On compte dans le terroir de Marfeille, près de 9 mille Maifons de Campagnes; elles font au-deffous du niveau des eaux du Canal, & ont prefque toutes un extrême befoin de fes eaux, non pour de grands arrofemens, pour de grands Jardins fruitiers & potagers deftinés à l'ufage du Public, pour affurer & tripler la récolte des Olives, pour de grandes Prairies, afin que les Marfeillois ne foient plus obligés d'acheter le fourrage qu'on leur aporte journellement du Languedoc & d'ailleurs, tout cela aura lieu dans la fuite, mais feulement pour la décoration, la commodité & l'utilité que l'on peut retirer d'un petit Jardin & quelquefois d'un petit Pré, c'eft à-dire, d'une chose dont on ne se passe que dans le cas seulement où il n'est pas possible de se la procurer ; les dépenses qu'un grand nombre de Propriétaires de ces Maisons de Campagnes a faites & fait tous les jours, souvent infructueusement, pour chercher dans les entrailles de la terre une petite source d'eau, qu'on ne peut élever qu'à grands frais & pour un espace de tems très-court, montrent assez qu'on ne négligera pas de se procurer cette utilité & cet embellissement.

Je suppose, & en cela je ne cherche point à grossir le produit du Canal, que la troisiéme partie de ces 9 mille Maisons de campagnes n'aura pas besoin de ses eaux, parce qu'à l'égard de celles qui sont situées sur le sommet des hauteurs qui se trouvent dans le terroir de Marseille, il y auroit peut-être trop de difficulté & de dépense à faire pour les y porter, qu'une partie de celles qui sont sur le cours de la petite Riviere de l'Uvaune & celles qui sont à portée de profiter des eaux des valons de Saint Joseph & de Jarret, quand il y en a, n'en auront pas besoin, & que plusieurs de ces Maisons de Campagnes sont de trop peu de valeur, & ne méritent peut-être pas qu'on fasse cette dépense ; la plus grande partie de ces Campagnes n'est cependant de peu de valeur, que parce qu'elle manque d'eau.

Mais pour les 6 mille autres Maisons, dont

le revenu de la plûpart eſt très-conſidérable, on peut aſſurer en général, qu'elles ont chacune beſoin d'un certain nombre de canons d'eau. Je pourrois, ſans rien dire de trop, en déterminer la quantité à plus de 20 mille canons; mais je la réduirai à 12 mille ſeulement, ce qui revient, pour chaque Maiſon de Campagne, à deux canons d'un denier, c'eſt-à-dire, à un pouce ordinaire d'eau, plus un quatorziéme, ce qui eſt certainement bien peu, pour faire 1 ou 2 piéces d'eau, nourrir un Réſervoir, fertiliſer une médiocre ſuperficie de terrain, ſoit en Jardin, ſoit en Pré, fournir à l'uſage d'une Maiſon, arroſer des Arbres pour former des Allées, & orner ces ſeches Campagnes de quelqu'ombrage.

Le prix qui a été réglé (par l'Ouvrage que je fis imprimer en 1742,) * pour chaque canon d'un denier d'eau, eſt de 700 liv. pour Marſeille, ſon terroir & ceux des environs. On voit en la page 208 & 210, que je me ſuis engagé à pouſſer ce prix juſqu'à 910 livres, avant même que le Canal ſoit commencé; il n'eſt plus permis, à la Compagnie des Propriétaires de le diminuer en faveur

* Cet Ouvrage eſt intitulé, Traité ou Analize d'un Canal projetté, &c. Je le dédiai à MM. les Procureurs du Pays de Provence, nés & joints, alors en exercice.

Voyez auſſi la page 46 de celui que je donnai encore au Public, ſur le Canal de Provence, que je dédiai à MM. les Marquis de Vence & de Bruée.

du Public, je prouverai, quand il en fera tems, qu'elle devra le fixer à 1200 livres au moins.

De la valeur ou montant de ces 12000 canons d'eau, on doit en déduire ce qu'il faudra dépenfer en rigolles de dérivation, pour les diftribuer & conduire. Afin de donner une idée des frais des ces rigolles, je dois faire obferver que beaucoup de toifes courantes, y compris la valeur du terrain qu'occupera la fouille, ne reviendront pas à 15 f. d'autres à 20. à 30. d'autres plus cheres fi l'on veut. Cent mille livres & 200 mille pour caver au plus fort dépenfées en pareils ouvrages fuffiront pour diftribuer bien plus que cette quantité d'eau; il feroit même à fouhaiter qu'on dépenfât à cette occafion, une fomme deux fois plus grande, parce qu'alors la vente iroit à plus de vingt mille canons d'eau.

Je penfe qu'on ne trouvera pas que j'aye porté trop haut, le nombre de canons d'un denier d'eau, qui fera vendue en propriété, en le fixant à 2 canons pour chaque Maifon de Campagne, fi on fuppofe avec raifon, que ceux qui en acquéreront à l'avenir, & qui n'en ont pas moins befoin que ceux qui en ont déja acquis par foufcription, ainfi que je l'ai dit en la page 71, en acheteront proportionnément autant qu'en ont acheté ces anciens acquéreurs. Parmi ceux-ci, il y en a plufieurs qui ont foufcrit pour

6 , pour 8 , pour 10 & pour 12 cañons d'un denier , d'autres pour 15 , pour 30 , &c. le tout pour leurs propres Domaines.

Ces achats d'eau, par foufcription, feroient en bien plus grand nombre fi je n'avois fermé les bureaux que j'avois établi à Marfeille & à Aix, dès que je m'apperçus que l'empreffement du public diminuoit par l'impreffion qu'avoit faite fur lui la plus extravagante objection que l'on puiffe imaginer, & de laquelle je crois devoir faire mention ici, en rapportant une partie de ce qui eft dit à ce fujet, dans les Regiftres des délibérations de la Compagnie des Propriétaires, affemblée le 15 Septembre 1747.

« L'Affemblée doit encore délibérer, con-
» tinue ledit Sr Directeur, (le fieur Floquet)
» fur le Mémoire que celui-ci vient de lui
» communiquer, au fujet des ventes d'eau
» du Canal qui ont été faites, & fur celles
» qu'il propofe de faire encore à l'avenir,
» toujours fous la condition, entr'autres,
» que les acquéreurs de ces eaux, ne feront
» tenus de payer au Tréforier du Canal le
» montant de leurs acquifitions, qu'après
» que les eaux achetées auront été conduites
» aux frais de la Compagnie des Propriétaires
» jufqu'en l'endroit déterminé par les con-
» ventions qu'ils auront paffées à ce fujet,
» il feroit trop long de raporter ici ce qui
» eft contenu dans le Mémoire du fieur Flo-
» quet, il fuffira de faire remarquer qu'il

» paroît fondé de trouver étrange que mal-
» gré la précédente condition, qui n'engage
» l'acheteur à autre chofe qu'à avoir ce qui
» lui eft néceffaire, & à ne le payer qu'a-
» près qu'il l'aura eû ;...... & ce qui a écarté
» les Soufcripteurs, tant à Aix qu'à Mar-
» feille & ailleurs, eft le bruit que certaines
» perfonnes ont eu intérêt de répandre que,
« malgré des claufes fi avantageufes pour les
» acquéreurs, ceux-ci devroient craindre
» qu'on les obligeât de compter la valeur de
» leur acquifition, dès qu'on commenceroit
» à travailler au Canal, & avant même : les
» Auteurs de ce pitoyable raifonnement,
» conviennent donc, fans le vouloir, que ce
» Canal eft fi utile, que MM. les Proprié-
» taires feront protégés au point de pouvoir
» renverfer les loix & être injuftes impuné-
» ment ; fi rien n'eft fi condamnable que ces
» groffieretés, rien n'eft auffi comparable à
» l'indolence du Public, qui ne fe donne
» pas la peine de s'apercevoir que les enne-
» mis de cette entreprife veulent le facrifier
» à leur vil intérêt particulier.

Je reprens l'examen du premier article
de produit du Canal, & je ne hazarde rien
en fuppofant que 2000 canons d'un denier
d'eau feront encore vendus en propriété.

1°. Pour l'embelliffement de la Ville de
Marfeille, dont les Fontaines prefque toutes
nourries par les eaux de la petite Riviere de
l'Uvaune, qui manque d'eau tous les Etés,

ne font ni affez ornées d'Architecture & de Sculpture, ni affez fournies d'eau, ni en affez grand nombre : il n'y en a même aucune en la nouvelle Ville ou Rive neuve, quoiqu'il fût très - néceffaire qu'il y en eût plufieurs.

2°. Pour l'utilité des Jardins & des Maifons de la principale partie des habitans de cette grande Ville.

3°. Pour les Fabriques à Savon & autres ufages avantageux au Commerce, & aux Particuliers, ce qu'il feroit trop long de détailler ici.

Au refte, fi on a égard à la longueur du cours du Canal, depuis la Durance jufqu'au terroir de Marfeille ; à la nature feche & aride de cette grande étendue de terrain ; au grand nombre de Maifons de Campagnes qu'on y trouve ; à celui que comprend le feul terroir d'Aix ; aux Hôtels & Maifons de cette Ville, qui ont des Jardins ; & à la quantité d'eau qu'il faudroit pour la décorer, comme elle en eft très fufceptible, & plus même que celle de Marfeille, * par de fuperbes Jets, de magnifiques Gerbes, des Napes très-étendues, des Montagnes,

* Voyez les pages 146. 147. 148. 149. de l'Ouvrage que je fis imprimer en 1742, où, en parlant de toutes ces Piéces d'eau, j'indique un moyen qui en réduit la dépenfe de la part de la Ville d'Aix, & fans préjudicier à la Compagnie des Propriétaires, prefqu'aux feuls frais de la conduite de ces Eaux.

des Amphithéâtres, des Arcs, des Perspecti-
ves, des Colomnes & des Obélisques hydrau-
liques, &c. Si on a égard, dis-je, à tous ces différens objets, on peut dire que la consommation d'eau en propriété approcheroit fort
des 14000 canons d'un denier, qu'il a été
trouvé qu'il en faudroit pour Marseille &
son terroir; mais ce qui doit faire ici une diminution, est que la plus grande partie de l'eau
qui seroit employée à l'embellissement de la
Ville d'Aix, & qui se rendroit dans un Bassin
d'une étendue immense, lequel seroit lui-
même une très-belle Piéce d'eau au milieu
de laquelle & dans l'allignement de la grande Allée du cours, on pourroit élever la
Statue équestre de Sa Majesté, feroit partie
du second Article de produit, & feroit par
conséquent destiné aux arrosemens. Pour
ces considérations, on peut réduire à 10
mille canons d'un denier feulement, l'eau
qui fera vendue en propriété, durant tout
le cours du Canal, excepté la feule Ville
de Marseille & son terroir. Le prix moyen
de ces 10 mille canons peut être fixé à raison
de 500 liv. attendu que le prix de ceux qui
feront distribués dans les terroirs qui font aux
environs de celui de Marseille, ne le feront
qu'à raison de 1000 liv. de 800 liv. & au-
dessous, à mesure qu'ils feront plus proche
de celui d'Aix, où ce prix roulera autour
de 500 liv.

Ainsi, toutes les Ventes d'eau du Canal *Résultat de l'examen du premier Article de produit du Canal.*

qui feront faites en propriété & qui font l’ob-jet du premier Article de fon produit, con-fommeront la quantité de 24 mille canons d’un denier. On voit donc que par l’examen que je viens de faire, fondé fur la nature du terrain fec & aride de Provence, bien loin d’avoir retranché des 20 mille canons d’eau que j’ai d’abord dit pouvoir être ven-dus en propriété, jai été obligé d’en aug-menter la quantité d’une cinquiéme partie;

Examen du fecond Ar-ticle de pro-duit du Ca-nal.

Arrofemēs.

Si le prix moyen de 10 liv. fixé en la page 59, pour le droit d’arrofer chaque arpent de terre eft trop fort; fi le nombre de 120 mille arpens que l’on a fuppofé au même en-droit pouvoir être fertilifés par les eaux du Canal, eft au-deffus de la quatriéme partie du terrain qui fera à portée d’en profiter, & fi la quantité d’eau que l’on deftine à l’arrofe-ment de ces 120 mille arpens n’eft pas de 250 mille canons d’un denier au moins, ou de 300 mille au plus, on fera fondé à dire que le fecond Article de produit, qui eft celui des arrofemens, eft exagéré; mais fi tout cela fe vérifie, ainfi qu’on l’a établi en fon lieu, je ne ne vois point fur quel fonde-ment on diminueroit le revenu que la Com-pagnie des Propriétaires peut retirer de ces arrofemens, pour en juger avec connoif-fance de caufe. Voici ce que je crois de-voir faire obferver à ce fujet.

La différence qu’il y a en Provence entre la valeur d’une terre ou d’un champ qu’on ne peut arrofer & celle d'une autre de la même qualité, fituée au même endroit, mais qui eft arrofée, eft en général, comme d'un à trois; ainfi, fi la valeur intrinféque d'un arpent de terre qui manque d'eau eft, par exemple, de 500 liv. ce même arpent étant arrofé, vaudra le triple, c'eft-à-dire, 1500 liv. d'où il réfulte, qu'en déduifant les 500 liv. valeur intrinféque de cette terre, avant qu'elle eut la faculté d'être arrofée, & 200 liv. pour la fomme capitale de 10 liv. qu'on fera obligé de donner annuellement pour le droit d'arrofer, on trouvera que les 800 liv. reftantes feront en pur profit pour celui qui aura acquis le droit d'arrofer cet arpent de terre, enforte que, toute dépenfe payée, il fera, avec la Compagnie du Canal, un profit de 160 pour cent.

Si dans certains cas, & en quelques endroits de Provence, les arrofemens ne triplent point la valeur d'une terre, il arrive bien plus fouvent & en bien plus d'endroits, qu'ils portent cette valeur au-deffus du quadruple, ce qui eft inconteftable & doit faire voir que la Compagnie du Canal n'a point agi au hazard, en fixant par fon Mémoire du 16 Avril, à 10 liv. prix moyen, la rétribution annuelle du droit d'arrofer un arpent. Elle n'ignoroit pas qu'un pareil droit d'arrofer avec les mêmes eaux de la Durance, étoit payé bien plus cher à M. le Marquis d'Oppede, par les Habitans de Cavaillon;

& que ce n'eſt qu'au moyen de ces arroſemens que ceux-ci ſe ſont enrichis, & que
la valeur de chaque arpent de terre qu'ils
fertiliſent, ainſi que je l'ai dit en paſſant,
eſt augmentée de bien plus que du quadruple, puiſqu'il y en a qui l'ont été du
décuple.

Si dans le tems qu'il fut queſtion de travailler au petit Canal de Cavaillon, on avoit
dit qu'il rendroit chaque année au-deſſus de la
ſomme principale qui ſeroit employée pour
le conſtruire ; ceux qui n'aiment point ces
ſortes d'entrepriſes, n'auroient pas manqué
de regarder cette promeſſe comme une
chimére, & de traiter de viſionnaires ceux
qui auroient oſé y compter: cependant le
ſeul produit annuel de la vente des aulx
qu'on recueille dans ce terroir, par les arroſemens des eaux de la Durance, eſt tel, que
ſi la Compagnie du Canal de Provence, fai-
ſoit dans ſes propres Domaines une ſembla-
ble récolte, elle ſuffiroit ſeule pour l'in-
demniſer des 6 millions qu'elle dépenſera
à ſa conſtruction.

Quand on a de l'eau en abondance, on
arroſe ordinairement la troiſiéme partie de
ſon champ, afin que les avantages que l'on
tire de cette partie arroſée, puiſſent ſe répandre ſur les deux qui ne le ſont point, &
que l'on peut alors engraiſſer facilement.
Si au lieu d'appliquer cette régle aux arroſemens des eaux du Canal, on ſuppoſoit

qu'elles n'arroſeront ſeulement que la ſixiéme partie des Campagnes qui feront à portée d'en profiter, c'eſt-à-dire, environ la
ſixiéme partie d'un million d'arpens en ſuperficie, qui ſe trouveront entre le cours du
Canal, la Durance, le Rhône & la Mer;
ce feroit toujours plus que des 120 mille
arpens qui font l'objet du ſecond Article
de produit, ce qui ſuffit pour cette partie
de l'examen de ce ſecond Article.

Dès que par l'éxamen du premier, il ré-
ſulte que dans les ventes d'eau en propriété
on en diſtribuera 4000 canons de plus
qu'on ne l'avoit ſuppoſé en la ſeconde partie, page 57; il faut donc les retrancher de
280 mille, qui ſervent de fondement au revenu que procureront les arroſemens; & au
lieu des 120 mille arpens ci-deſſus, en ſuppoſant qu'il eût fallu ces 280 mille canons d'un
denier pour les arroſer, on n'en fertiliſera
que 118 mille 285 & cinq ſeptiémes, que
je réduirai encore à cent mille, autant pour
ne pas trop augmenter le produit du Canal,
que pour compenſer au-delà les frais des
rigolles de dérivations, & l'eau qui doit reſter
au fond du Canal, pour aſſurer la flotaiſon
& la navigation.

Pour pouvoir dire quelque choſe de précis
ſur le revenu que la Compagnie des Propriétaires retirera des Moulins à farine que
les eaux du Canal mettront en mouvement,
on doit déterminer quelle ſera la quantité

Examen du troiſiéme Article de produit.

Moulins & Machi-nes.

de bled qu'ils moudront annuellement. Cette quantité a été fixée dans le Mémoire du 16 Avril, à 250 mille charges : pour ce qui regarde feulement Aix & Marfeille, on pourroit la groffir de celle que confomment les autres lieux qui auront befoin des eaux du Canal pour un pareil ufage ; mais on n'aura aucun égard ici à cette augmentation, & on fuppofera que l'on ne retirera du profit que des Moulins d'Aix & de Marfeille.

Ceux que la Compagnie du Canal fera conftruire pour l'ufage des Habitans de ces deux Villes, feront placés aux endroits les plus commodes pour le Public ; ils auront chacun leur blutoir, & ce qui eft le plus intéreffant, ils feront en toute faifon bien fournis d'eau, quoiqu'on peut fe flatter que peu de tems après que le Canal aura été achevé, ils feront les feuls en exercice. Je ne calculerai cependant l'avantage que la Compagnie des Propriétaires en retirera, qu'en fuppofant que dans les mois de l'année où les eaux font les plus abondantes, ils moudront au moins autant de bled que tous les autres Moulins enfemble, & que dans les tems de féchereffe, ils feront les feuls qui feront en état de moudre, c'eft-à-dire, qu'ils feront, année commune, les trois quarts des 250 mille charges de farine que confomment les deux Villes d'Aix & de Marfeille.

Si

Si on pouvoit déterminer le nombre & la nature des Machines de toute forte, & des Moulins, autres que ceux à bled que les eaux du Canal feront mouvoir, on pourroit aujourd'huy donner une idée approchante des avantages qu'en retirera la Compagnie des Propriétaires : on compte de 20 à 25 Moulins à huile pour la seule Ville d'Aix ; ce nombre sera beaucoup plus grand après que les arrosemens du Canal auront triplé au moins la récolte ordinaire des Olives : on peut ajouter à ce dernier nombre, quoiqu'indéterminément, beaucoup d'autres Moulins de la même espece qui seront nécessaires pour la Ville de Marseille, outre ceux qui éxistent ; ceux encore de tous les lieux circonvoisins de ces deux Villes : & ceux enfin des autres lieux qui font situés sur le cours du Canal & de ses branches : on pourroit aussi, à ce grand nombre de Moulins à huile, en ajouter d'autres, comme des Moulins à Soye, à Poudre, à Chanvre, &c. les Blancheries, les Tanneries, les Papeteries, les Foulons, les Martinets, les Scies à eau, &c. & enfin toutes les Machines qui seront mües au moyen des eaux du Canal, & qui, peu d'années après qu'il aura été construit, en composeront un très-grand nombre, dont le produit, en faveur de la Compagnie des Propriétaires, ne pourra être qu'au-dessus de celui qu'elle retirera des Moulins à bled.

L

De tous les articles de produit du Canal, celui qui est le plus difficile à déterminer d'avance, est l'article de la flotaison & de la navigation ; tout le monde convient que par ce moyen, les Villes d'Aix & de Marseille seront abondamment fournies de bien des choses dont elles manquent souvent, & qu'on ne peut y porter que sur des Charrettes ou à dos de Mulets : que tous les bois de construction, de charpente, de Charonage, de Menuiserie, de chauffage, &c. qui descendront par les Rivieres du Buech, de Bléoune, de Verdon & de Durance, y seront rendus en droiture, de même que le bled, fruits, & toutes sortes de denrées de la haute Provence & du Dauphiné; que la consommation des Marchandises & autres Effets que Marseille fournit, non-seulement à la Provence, tant à la partie qui sera au-dessous de la prise des eaux du Canal, qu'à celle qui sera au-dessus, mais encore au Dauphiné, sera d'autant plus grande, qu'il en coutera moins pour le transport, pendant une partie de la longueur du chemin : tout le monde convient de tous ces avantages & de bien d'autres qu'il seroit trop long de détailler, j'en conviens aussi ; mais comme je ne sçaurois fixer, à beaucoup près, le profit qu'en retirera la Compagnie des Propriétaires, je laisse ce soin à ceux qui sont plus intelligens que moi sur cette matiére.

Il eſt plus facile de faire connoître d'a-vance le produit des bords du Canal, que le Privilége qui m'a été cédé, fixé à 4 toiſes de largeur de chaque côté de ſon cours, ce qui, ſur la longueur de 70 mille toiſes, qui eſt celle du cours du Canal, compoſe une ſuperficie de plus de 600 arpens; mais pour pluſieurs conſidérations qu'il ſeroit inutile de détailler ici, je ſuppoſerai que cette ſurface ne ſera que de 400 arpens ſeulement.

En ſuppoſant encore que tout le terrain qui compoſera cette ſuperficie, fût propre pour y planter des peupliers, diſtans l'un de l'autre d'environ 6 pieds, & que le nombre de ces arbres dût égaler, par conſéquent, celui des toiſes quarrées que contiendra cette ſurface, ce ſeroit 360 mille peupliers que l'on pourroit vendre, prix réduit, au-deſſus de 10 liv. toutes les 25 années. Ce prix n'eſt point éxagéré ſi on conſidére que par le moyen du Canal, ces peupliers ſe-roient rendus commodément & ſans frais à Aix & à Marſeille; ainſi le produit an-nuel des bords du Canal fera un profit ſans riſque & ſans dépenſe, puiſque la valeur du terrain eſt compriſe dans l'eſtimation des ouvrages, & que l'on ne manquera pas de trouver des gens qui ſe chargeront des frais de la plantation & de ceux de l'entretien de ces arbres, dès que la Compagnie des Pro-priétaires leur cédera les émondes.

L ij

Au reste, quoique pour donner une idée approchante du produit des bords du Canal, j'aye suppofé que les deux tiers de leur surface qui feront mis en valeur, feront complantés de peupliers, je dois obferver que le nombre auquel je viens de fixer ces arbres, fera d'autant moins grand, que dans les endroits où le terrain fera propre pour cela, on y plantera des faules, qui donnent par proportion, tous les trois ans, un revenu plus confidérable ; des Muriers, des Oliviers & d'autres arbres préférables aux Peupliers & même aux Saules, & dont le produit fera néanmoins moindre que celui du terrain que l'on affermera à des Payfans, pour y faire des potagers & des prairies.

En déduifant du montant des précédens articles de produit, ce qu'il en coutera pour conftruire ce Canal, pour en affurer dans tous les tems l'entretien & le récurage, pour les frais de régie, & enfin pour toutes les dépenfes qu'il faudra néceffairement faire, on trouvera que le profit que la Compagnie des Propriétaires retirera à perpétuité, toutes dépenfes & frais prélevés, fera tel qu'elle l'a dit dans fon Mémoire du 16 Avril 1749 ; ce profit cependant, tout grand qu'il eft, ne fera qu'une partie de ceux que cette Compagnie retirera par l'exécution de mon projet, dont le Canal d'Aix & de Marfeille n'eft qu'une partie, mais fi effentielle, qu'au moyen de fon produit & fans avoir befoin d'aucun autre fecours, on pourra faire travailler fans interruption aux autres ouvrages qu'il renferme, & fe procurer dans un petit nombre d'années,& fans débourfer aucun argent, de nouveaux revenus qui approcheront de ceux-là, s'ils ne les furpaffent. Tout cela feroit plus facile à démontrer que ne le penfent certains critiques, qui difent que je ne parle jamais du Canal de Provence, fans avoir la bouche pleine de millions, comme fi c'étoit ma faute que de quelque côté qu'on envifage ce Canal, on n'y aperçoive que des profits fort au-deffus de ceux que préfentent d'ordinaire ces fortes d'Entreprifes.

Après tout ce que je viens de dire fur l'infuffifance des objections que l'on a formées contre la poffibilité du Canal de Provence, j'ai lieu de croire que l'on n'aura plus à craindre que les montagnes interrompent fon cours; que les eaux de la pluie l'engorgent; que ce foit un inconvénient de pénétrer les hauteurs que l'on ne voudra pas contourner; que les Entrepreneurs ne gagnent pas affez; que la perte des eaux par la filtration foit poffible au point que l'on a voulu l'avancer; que les terres ne foient pas engraiffées par les arrofemens;que le Canal ne fourniffe pas un courant d'eau très-confidérable; & enfin que celles de la Durance ne foient pas affez abondantes;

L iij

je m'en flatte, du moins de la part de ceux
qui font de bonne-foi, & chez qui la raifon
fait le progrès qui lui eft dû : car quant à
ceux qui ont réfolu d'être incrédules; qui
oferoit tenter de leur faire changer d'avis ?
le plus court eft de les laiffer dans leur pré-
vention. Quoi qu'il en foit, je comprens
à merveille que ceux qui n'ont point l'intelligence requife de toutes les opérations
néceffaires pour l'éxécution d'une entreprife
de l'importance de celle dont il s'agit, dou-
tent de fa poffibilité; nullement accoutumés
à juger des chofes par comparaifon, ils fe laiffent éblouir aux moindres difficultés, & de-
là vient leur doute : je comprens encore fans
peine, & MM. les Procureurs du Pays de
Provence l'ont compris avant moi*que ceux
qui ont quelqu'intérêt à ce que la conftruction du Canal n'ait pas lieu, entaffent objections fur objections pour en éluder l'éxécution; tout cela eft dans l'homme, &
fur-tout dans l'homme prévenu; je n'en
fuis point furpris ; mais ce qui m'étonne,
c'eft que la plus grande partie de ceux qui
conteftent le plus fur l'utilité & fur la poffibilité d'un Canal de tout tems reconnu
néceffaire, & cent fois démontré faifable,
foient ceux qui n'ont aucune raifon d'intérêt pour en fouhaiter l'inéxécution, & qui
ne font ni affez inftruits ni affez éclairés
pour pouvoir dire quelque chofe de fatif-

* Voyez les pages 13, 17, 18, 19, 21.

faifant à ce fujet ; c'eft parmi ceux-là que l'on en trouve qui ont, à ce qu'on prétend, compofé de grands mémoires, dignes, fans doute de leurs auteurs, pour difcuter fans les connoître, les droits & les arrangemens de la Compagnie des Propriétaires, & qui, quoiqu'ils ne connoiffent pas mieux la Provence que ces arrangemens, conteftent le plus fur les avantages de ce Canal ; felon eux, fertilifer de vaftes & feches Campagnes & donner de l'étendue au Commerce de plufieurs Provinces, c'eft le plus médiocre de tous les avantages. Ne pourroit-on pas appliquer à ces fortes de Critiques, ce que difoit, au fujet de l'anonime dont j'ai parlé plus d'une fois, M. l'Affeffeur * de l'année 1724, dans fa Lettre du mois de Mars 1737, à M. l'Affeffeur ** de cette derniere année ? « Si ce critique chagrin (dit ce célébre Ju- » rifconfulte) croit férieufement ce qu'il dit, » il faut le plaindre ; fi c'eft fon Pré, fon » Moulin ou fon Cabaret qui l'aveuglent juf- » qu'au point de fe déchaîner contre un ou- » vrage qui nous doit donner tant de biens, il » faut le détefter . . . . cet anonime » n'eft du tout point fenfible à tant de biens ; » ils ne font que publics. Quel forte de Ci- » toyen eft donc celui-ci ? Quelle pefte pu- » blique ? Il ne veut ni faire le bien ni fouf- » frir que les autres le faffent. . . . . .

* M. de Saurin, Procureur du Pays.

** M. de Canceris, Procureur du Pays.

» à entendre cette forte de forcené, ne
» diroit-on pas que ce Canal d'un genre tout
» nouveau, eft différent de tous ceux qu'il y a
» dans le Royaume, qui au lieu d'augmenter
» les fruits, les tailles & les dixmes ecclé-
» fiaftiques & baronales ou les tafques des
» Seigneurs, fera un Canal de feu grégeois
» qui défolera les plaines & les montagnes ?
» Il oublie dans fes violens tranfports, que
» ce fera un Canal d'une eau auffi bien-
» faifante que celle du Canal de Craponne,
» & qu'il portera le fang de la terre : qu'il
» va fertilifer les Montagnes même, où il
» paffera auffi fouvent que dans les plaines,
» qui n'en profiteront pas moins, par de
» doubles récoltes, tandis qu'il n'arrive que
» trop fouvent, que l'ardeur infupportable
» de nos foleils, brûle très-fouvent la feule
» que nous ayons. Vous fçavez M. que les
» doubles récoltes ne fe trouvent parmi
» nous qu'auprès de ces bords heureux que
» les eaux baignent. . . . . . . Que
» ne fait-on pas avec l'eau dont ce critique
» s'efforce même d'affoiblir la vertu ? . . . .
» . . . . . . Que de biens folides ! Que
» de commodités ! Que de douceurs pour
» la vie ! Que de décorations magnifiques,
» &c. dont nos peres ont été privés ! Le
» tems femble être enfin venu, &c ».

Comme c'eft encore cette forte de critiques qui s'opiniâtrent les plus à contefter
fur les revenus de ce Canal, ne pour-

roit-on pas d'ailleurs leur demander d'où leur vient ce fouci, & leur dire que fi c'eft pour décourager une partie des intéreffés actuels, leurs efforts font inutiles, puifque mes affociés fçavent, & ils le fçavent infailliblement, que ce Canal eft une entreprife auffi honorable que profitable, & très-différente de celles qui paroiffent de la même nature, puifqu'elle donnera du profit peu de mois après qu'elle fera commencée ? Ils fçavent qu'ils ne peuvent jamais employer leur argent plus à propos, foit pour le bien général de la Province, foit pour leur intérêt particulier. Ils fçavent qu'ils feront amplement dédommagés par la vente des eaux en propriété ; par le revenu des arrofemens ; par celui des Moulins & autres Machines ; par celui de la navigation & des bords du Canal : tous ces différens articles, de même que la féchereffe du terrain de Provence leur font connus parfaitement ; la matiére en a été difcutée foigneufement ; & ainfi, ils fçavent, autant qu'on le peut fçavoir d'avance, en pareils cas, à quoi ils peuvent compter fur chacun de ces différens points. En finiffant, qu'il me foit donc permis de le dire. Y eût-il jamais un projet qui préfente à la fois tant d'avantages ? Et peut-on être plus raifonnablement flatté que de contribuer à la réuffite d'une entreprife dont l'époque ne fera point oubliée dans les faftes de

notre glorieux Monarque, dont une grande Province fera illuſtrée & enrichie à jamais, & dont un profit très-conſidérable
fera la récompenſe du zéle de ceux qui en
font les auteurs, & qui vont fournir aux
frais de ſon exécution.

FIN.

www.ingramcontent.com/pod-product-compliance
Ingram Content Group UK Ltd.
Pitfield, Milton Keynes, MK11 3LW, UK
UKHW021635170726
13836UKWH00005B/2206